Reconocimientos

Me siento eternamente agradecida a Dios por haberme permitido la oportunidad de estar expuesta a la influencia de las siguientes personas impactantes y sinceras, claros ejemplos de la paz de Dios: el Obispo Charles Blake, el Pastor Edward A. Smith, el Obispo E. C. Reems-Dickerson, la Dra. Barbara McCoo Lewis, el Dr. Elvin Ezekiel y Bunny Wilson.

J. P., Shannon y Lainie Sloane, Pamela Johnson y Sherrone Burke son las mejores amigas y las mejores críticas que se podría desear. También me siento muy agradecida a una multitud de contribuyentes e intercesores, entre ellos: Marion Meares, Billie Rodgers, Raynae Hernandez, Althea Sims, James Kirkland, Carol Pegues, Creola Waters, Janet Sweet Thomas, Sandra Arceneaux, Sylvia .... Wallace, la familia K.......... .... ente de ánimo es mi n.......... ....seis hermanos: Bobby, ...ernon. Mis sobrinos ....como también lo son o....... ....y admiradores.

DISCARD

Jamás podría encontrar las palabras para expresar mi profundo aprecio por el magnífico equipo en Harvest House Publishers. Son sin duda alguna el equipo ideal para un autor. Mi editora, Kim Moore, es un verdadero fenómeno, y su ayuda va más allá de la edición en sí.

Y, por último, aunque no por ello de menor importancia, estoy sumamente agradecida a mi marido, Darnell Pegues, por su paciencia, amor constante y apoyo.

Contenido

Prólogo

"¡Tu hermano al teléfono!", gritó mi asistente administrativa a través de la puerta entreabierta de mi oficina. Era el segundo martes del mes, el día de la reunión mensual de la junta directiva de la iglesia donde servía como directora financiera. La reunión no empezaría hasta dentro de un par de horas. Ya le había dejado claro a mi asistente que los días de reunión de junta me pasara solo las llamadas más urgentes, ya que esos días dedicaba todos mis esfuerzos a elaborar los diversos informes económicos que tenía que presentar. La voz de mi hermano al otro lado de la línea indicaba una llamada importante, pues lo más probable es que tuviese algo que ver con mi madre. Yo, su única hija, también era su guardián legal. Siempre que llamaba uno de mis seis hermanos se me hacía un nudo en el estómago. Mamá había sufrido un derrame cerebral hacía dos años y la vuelta a la normalidad física y emocional seguía haciéndose muy cuesta arriba.

Me lancé al teléfono y me lo pegué al oído quizá con demasiada rapidez. La presión del teléfono me hizo sentir un dolor de mandíbula intenso que me recordó que hoy tendría que haber buscado un médico que me diese una segunda opinión sobre la neuralgia del trigémino —una inflamación muy dolorosa de los nervios faciales— que me había diagnosticado el neurólogo. La patología me había dejado a veces sin poder ni siquiera hablar. Aunque era realmente importante buscar una segunda opinión al respecto, hoy me tendría que limitar a los asuntos más urgentes. Tendría que dejarlo para mañana.

Anhelaba una siesta. La noche anterior solo había dormido cuatro horas porque me había quedado despierta, cocinando y escribiendo. Aunque no era algo que mi esposo requiriese, intentaba asegurarme de que tuviera comida caliente las noches que yo trabajaba hasta tarde. Me gustaba la idea de ser una mujer profesional y al mismo tiempo una ama de casa. Debido a mi educación más bien tradicional, era algo que me daba satisfacción. Además, me aliviaba un poco el sentido de culpabilidad por trabajar horas tan inhumanas. No cabe duda de que el tiempo que pasaba escribiendo era necesario, porque había tenido la suerte de firmar un contrato con una de las editoriales cristianas más grandes de los Estados Unidos. De ninguna forma iba a dejar pasar la fecha límite de entrega del manuscrito —que estaba a tan solo dos semanas. Y para acabar a tiempo, seguro que tendría que trabajar algunas noches enteras.

Las jornadas de reunión de junta acababan siendo

de 12 horas, ya que mi día de trabajo empezaba a las 8:30 de la mañana y la reunión no empezaba hasta las 6:30 de la tarde. Para poder sobrellevar una agenda tan sobrecargada, decidí bloquear en mi mente todo pensamiento sobre la charla que tenía que dar el sábado por la mañana. Prepararía la presentación el jueves por la tarde, o incluso el viernes, si conseguía convencer a mi esposo que pospusiera nuestra cena del viernes por la tarde hasta el domingo después de la reunión de la iglesia. Me sentía reticente a preguntarle, porque quería aparentar que podía tenerlo todo bajo control sin ningún problema. Cancelar la charla programada no era la mejor opción porque no podía avisar con suficiente antelación. Excepto por emergencias, nunca cancelo. Además, ese tipo de charlas son críticas para darse uno a conocer como escritor.

Pero volviendo al tema de mi hermano, resulta que llamaba para decirme que a mamá le faltaba el medicamento más crítico. La persona a quien pagábamos para que se encargase de sus medicamentos había vuelto a fallar. Ahora tendría que llamar a la farmacia para que preparasen la receta y pedirle a Gene que la recogiese. Mientras nos lamentábamos por la frustración incesante que representaba tener que cuidar de mi madre, eché un vistazo sobre el informe económico para la reunión de la junta que acababan de poner delante mío. Me saltaron a la vista varios errores garrafales que me pusieron al borde de un ataque de nervios. Me dieron ganas de pegarle a la persona que había preparado el informe, pero tenía tanta hambre que no hubiese tenido la energía para llevar a cabo mi fantasía fugaz. Hoy no tendría tiempo para comer, ni para tomar ningún tipo de descanso, lo cual implicaba que cuando por fin las cosas se tranquilizasen no me importaría mucho la calidad de lo que me pusiesen delante. Este ritmo me estaba destrozando el cuerpo. Las noches de trabajo hasta muy tarde y la falta de ejercicio me estaban pasando factura. Cerré los ojos por un segundo y pensé: *Señor, ven pronto*. Claro que no lo decía en serio. Pensar en ser arrebatada para pasar toda la eternidad con el Señor era sencillamente una escapatoria mental pasajera de las presiones de la vida. Me intenté tranquilizar un poco y pensé: *Vamos, que las cosas podrían ser mucho peor.*

Tengo muchos motivos para estar agradecida, pero en ese momento la gratitud no estaba entre mis pensamientos principales. Los asuntos urgentes ya habían tomado el primer lugar en mi mente.

A primera vista, mi vida parece idílica. Tengo un buen esposo, un buen trabajo, un buen jefe, un buen sueldo, un apoyo familiar estupendo, una casa fantástica y trabajo con una editorial excelente. No parece faltarme nada. Todas estas bendiciones, no obstante, venían con la responsabilidad de mantenerlas, lo que suponía incluso más dedicación. Además, como en la vida de todos, también tenía algunas presiones no tan positivas que ponían en peligro mi serenidad. Ya sabes a lo que me refiero. Tener que intervenir en conflictos familiares, reparar el automóvil en los momentos más inesperados y afrontar problemas con los empleados. Por supuesto que, como si de una *Superwoman* se tratase, seguía poniendo a un lado los dolores persistentes que aumentaban día a día.

Es posible que tus circunstancias no sean idénticas a las mías. Pero te puedo asegurar que si estás leyendo este libro, tus circunstancias diarias probablemente estén produciendo el mismo resultado: el estrés. Todo el mundo habla de controlarlo algún día, pero pocos son los que afrontan el problema de forma directa y llegan a controlarlo.

Probablemente hayas oído que lo único seguro en la vida son la muerte y los impuestos. Pero quizás el estrés se debería añadir a la lista. Es inevitable. "El hombre nacido de mujer", nos dice Job, "corto de días, y hastiado de sinsabores" (Job 14:1). Tenía toda la razón. Nadie está libre de situaciones estresantes en su vida ni del impacto físico y emocional que comportan. De acuerdo con el Instituto Americano del Estrés, del 75 al 90% de las visitas médicas en Estados Unidos se deben al estrés. A pesar de todo, creo que hay esperanza. "Queda un reposo para el pueblo de Dios" (He. 4:9).

A modo de aviso, me gustaría dejar claro que en este libro no pretendo tratar sobre cómo *eliminar* el estrés del todo, pero sí cómo minimizar y reaccionar frente a sus consecuencias. Emprendamos este camino juntos y exploremos un planteamiento práctico y basado en las Escrituras para tratar este problema que tanto aflige a la gente en todos los niveles de la sociedad. No tengo estudios de psicología, pero sí utilizo la Palabra de Dios como base. Prometo evitar recomendaciones poco prácticas que solo funcionan en teoría. De lo que no me cabe duda es de que Dios quiere que sus hijos vivan en sosiego.

La paz es uno de los frutos del Espíritu Santo. Si no forma parte de tu vida es hora de confrontar los factores de estrés —incluso aquellos que han sido para ti distintivo de honor— y comenzar la trayectoria de paz y descanso emocional que Dios desea para ti.

Día 1

Identifica los factores de estrés en tu vida

Está atento, y respóndeme; clamo en mi oración,
y me conmuevo.

Salmo 55:2

A lo largo de mi carrera como directora financiera he hecho un sinfín de análisis, pero hasta hace un par de años no había realizado un análisis de los factores de estrés en mi vida en el que debía enumerar las personas o situaciones que me estresaban, y evaluar hasta qué punto esa presión me estaba afectando. El estrés es nuestra reacción biológica a las presiones de la vida. Las presiones, para tener un impacto adverso sobre nuestros cuerpos, no necesariamente han de ser presiones negativas, ni tienen por qué ser las presiones más obvias. Había dado por sentado que las cosas que tomaban la mayor parte de mi tiempo serían los factores de estrés principales, pero resulta que no fue así. A continuación presento los resultados de mi análisis:

- los asuntos relacionados con la vivienda y la salud de mi madre
- mi eterna lucha para bajar de peso
- mi incapacidad de encontrar empleados cualificados
- equilibrar las exigencias crecientes de mis dos profesiones
- las incertidumbres de mi esposo en lo que respecta a sus objetivos profesionales

Al considerar los factores de estrés, los organicé de forma objetiva en aquellos a los que yo podía afectar y los que estaban fuera de mi influencia. Además de los factores de estrés principales, también identifiqué factores de estrés menos importantes, causados no tanto por situaciones externas como por mi forma de pensar tradicional y mis actitudes arraigadas. La situación de mi madre me causaba mucha preocupación, pero reconocía que debido a ciertos asuntos de propiedad inmobiliaria y su insistencia en vivir en un entorno familiar, aunque repleto de problemas, yo podía hacer muy poco por cambiar la situación. Por lo tanto, debía desarrollar una estrategia para poder sobrellevarlo de forma efectiva. He aprendido a aislar y ralentizar mi preocupación mental con ciertas situaciones cuando hay otros factores de estrés que requieren mi atención. Se trata de mi método para "conservar la salud mental". Dios me ha dado la gracia para hacerlo.

Mis dos trabajos empezaban a requerir gran parte de

mi atención. Hacía dos años sentía que mi etapa como directora financiera de mi iglesia estaba llegando a su fin, pero no era capaz de llegar al punto de decírselo a mi jefe, aunque mi marido y otros amigos sensibles a la voz de Dios me animaban a que lo hiciese. Le tenía mucho aprecio al Obispo. Era el jefe más simpático que he tenido en mi vida. Mi experiencia laboral con él no tenía nada que ver con las historias de terror que me habían contado mis homólogos en otros ministerios. Rara vez me llamaba a casa, y cuando lo hacía, se deshacía en disculpas y siempre era por un tema que de verdad no podía esperar. Yo trabajaba a todas horas porque sentía que él y la iglesia merecían el mismo nivel de esfuerzo que había dedicado a las empresas donde había trabajado en el mundo de los negocios. No obstante, el trabajo parecía no llegar nunca a su fin. Y el ritmo de trabajo había dejado secuelas en mi estado de salud. Era hora de cuidar de mi salud y de obedecer a Dios. En un período de dos años, no menos de diez líderes cristianos sumamente respetados me animaron en serio a que me dedicase al ministerio a tiempo completo. No quería que Dios me forzase con medidas desagradables a hacer lo que debía hacer, así que por fin encontré el valor para presentar mi dimisión. En mi conversación con el Obispo, creo que utilicé cinco pañuelos de Kleenex. Lloré todo el mes antes de mi último día de trabajo. Había trabajado muchísimos días de 16 horas. Debido a las obligaciones de la oficina, también había tenido que aplazar varias intervenciones quirúrgicas necesarias ya que no encontraba el tiempo para ellas. Hasta que no me vi cara a cara con la realidad de que ya no trabajaría aquí, no me di cuenta de lo mucho que estaba ligada emocionalmente a ese lugar.

Habíamos construido una catedral magnífica que costó 66 millones de dólares, y yo había firmado el cheque para cada pieza que la formaba. El edificio había aparecido en varias revistas populares. Además, mi marido y yo habíamos sacrificado y realizado inversiones económicas importantes en este proyecto. Sentía una sensación profunda de pertenencia. Sabía que el Señor me estaba diciendo: *De acuerdo, misión cumplida.* No obstante, mi único deseo era de asentarme un poco y disfrutar el fruto de mi labor. Otro factor era que por fin me sentía cómoda con mi nivel de conocimiento en cada aspecto de su funcionamiento, y no quería desaprovecharlo todo.

Muchas veces el camino hacia la perfecta voluntad de Dios en nuestras vidas requiere que hagamos varias transiciones. Por ejemplo, para llegar a San Diego, California, donde con frecuencia imparto charlas, tengo que tomar tres carreteras diferentes y viajar 350 kilómetros. Es obvio que nunca llegaría a mi destino si no tomase la bifurcación de la primera a la segunda carretera. Las transiciones a veces resultan obligatorias si queremos alcanzar nuestro destino.

Lo mismo se puede decir sobre nuestro destino ordenado por Dios. Hemos sido creados con libre albedrío, pero ello no anula el hecho de que Dios tiene un plan específico para nuestras vidas. Somos *nosotros* quienes, al actuar fuera de la voluntad de Dios, no llegamos a alcanzar las bendiciones que tiene para nosotros. Muchas veces Dios nos dice: "Es hora de tomar otro camino". Pero respondemos: "Ya estoy muy familiarizado con esta ruta. ¿No puedo seguir en esta dirección hasta que alcance mi destino?" Y lo curioso es que después tenemos la osadía de sentirnos frustrados o echarle las culpas a Dios cuando no alcanzamos nuestras metas.

Tenía que enfrentarme cara a cara con los factores de estrés en mi vida, y sí, la idea de una transición se me hacía muy pesada. Como contador público, me resistía a la tentación natural de hacer un análisis sobre el impacto al presupuesto del hogar que supondría la falta de estos ingresos. Tenía el deseo sincero de tomar una decisión en base a la fe y no en base a las finanzas. No recomiendo esta forma de tomar decisiones bajo circunstancias normales, pero en este caso sencillamente tenía la seguridad personal por parte del Espíritu Santo de que Dios iba a obrar mucho más abundantemente de lo que pedía o entendía. Además, estaba segura de que todas nuestras necesidades se verían cubiertas, sin que importara la decisión profesional que fuese a tomar mi esposo. De forma que tomé el paso decisivo. Dios ha sido fiel a su palabra, y no nos hemos visto en aprietos económicos.

¿Has tomado el tiempo necesario para analizar los factores de estrés en tu vida? Sugiero que te apartes a un lugar tranquilo donde sabes que durante al menos 30 minutos nadie te molestará. Haz una lista de cada situación que te estresa. Inclúyelo todo, desde aquel amigo excesivamente competitivo que te pone de los nervios hasta el adolescente desordenado e irresponsable a quien amas de todo corazón. Seguidamente enumera los factores en orden de mayor a menor estrés. Medita sobre lo que Dios quiere que hagas para confrontar estas situaciones. Quizás incluso quieras hablar con un amigo o consejero de confianza sobre estrategias para superar las situaciones.

La oración para hoy

Padre, dame la sabiduría para tratar con las cosas que traen presión a mi vida y de esta forma reaccionar de una manera que te agrade y traer gloria a tu nombre.

Día 2

Refuerza tu fundamento

Mas el que oyó y no hizo, semejante es
al hombre que edificó su casa sobre tierra,
sin fundamento. Contra el cual el río dio
con ímpetu, y luego cayó, y fue grande
la ruina de aquella casa.

LUCAS 6:49

No existe estructura capaz de resistir los vientos de la adversidad sin un fundamento sólido. Y nuestras vidas no son una excepción. Hemos de construirla en base a un fundamento sólido si queremos resistir las presiones incontables de la vida cotidiana.

Nuestras vidas tienen cierto parecido a un taburete, con una base y cuatro patas. La base es nuestro fundamento espiritual, que consiste primordialmente de la oración y la Palabra de Dios. Las patas representan los aspectos económicos, sociales, mentales y físicos de nuestras vidas. Para que el conjunto esté firme y cumpla su propósito, cada pata debe estar fuertemente conectada a la base espiritual. Ninguna de las patas puede ser independiente y estar desconectada. Por ejemplo, la pata económica debe estar sujeta a los principios bíblicos del dar, la integridad, el trabajo duro, etc. De no ser así, sufrirás situaciones estresantes como la deuda excesiva, los malos tratos comerciales y el caos fiscal. La pata social también debe estar bien conectada a los principios bíblicos o será imposible encontrar la forma de demostrar amor incondicional, perdón o paciencia. Existe una correlación directa entre nuestro bienestar mental y el grado en el que aceptamos la Palabra de Dios y permitimos que rija nuestras mentes y emociones, guardándonos en perfecta paz. Una pata física bien acoplada nos permite tratar el cuerpo de acuerdo a los principios de la Palabra: descansamos lo suficiente, comemos de forma sana y nos preocupamos por nuestra salud en general. Me imagino que entiendes la idea. La fuerza y el éxito de cada faceta de nuestras vidas se ven determinadas por la solidez de nuestro fundamento. Si la base es débil, no hay esperanza para las "patas".

No resulta nada sorprendente, pues, que Satanás se esmere tanto para evitar que reforcemos nuestra base. Lo primero que debemos hacer cada día es ser diligentes en reforzarla antes de que nos dejemos llevar por las distracciones. Recuerdo un día cuando me preparaba para orar. Fui a mi sala de oración, y al empezar a orar se me ocurrió que tenía ganas de escuchar mi CD especial con sonidos de la naturaleza: cantos de aves, riachuelos burbujeantes y música suave de fondo. Sería un fondo agradable mientras oraba, y a la vez me ayudaría a librarme del estrés. Me imaginaría a solas con el Señor en un bosque, algo realmente eficaz con mis cascos especiales que eliminan el ruido. Al dirigirme hacia el lugar donde normalmente guardaba los cascos y el CD, no los encontré. Busqué por todas partes. En una habitación busqué en un monton de CDs que tenían que ser puestos en sus respectivas cajas originales. Pensé que ya que había empezado, lo lógico sería dedicar unos minutos a organizarlos. Quince minutos más tarde me encontraba en el auto, buscando cajas de CDs que me faltaban. Y allí me encontré con otra colección de CDs que debía organizar y poner en sus respectivas cajas. Pensé, *¿qué más da otros 10 minutos? Ya se lo pagaré al Señor.* Puse todos los CDs en orden, y de paso organicé el baúl del auto. Seguidamente entré en mi oficina y, he aquí, ahí estaban mis cascos y mi CD de relajación. Pero ya que estaba tan cerca de la computadora, pensé echarle un vistazo al correo electrónico por si acaso había algo que debía contestar urgentemente. Tengo algunos amigos que le han dado un nombre a este tipo de comportamiento distraído: TDAAE, Trastorno por Déficit de Atención Activado por la Edad.

No obstante, después de una hora me encontraba en condiciones de volver a mi sala de oración. Queda claro que la hora que había programado para dedicar a la oración había pasado, así que estuve 20 minutos, cargados cada uno de un sentir de prisa y culpabilidad, dándole un repaso rápido a una lista de oración y ojeando un salmo. *Qué osadía* —pensé— *empezar una conversación con el Señor y dejarle plantado por una hora entera.* Me pregunto si se lo hubiese hecho a cualquier otra persona. Por supuesto que no. Pero tenía todo el día por delante y ya comenzaba mi lista de tareas con retraso. Sabía que incluso los 20 minutos que había pasado en oración eran mejor que nada, pero no tenía la sensación de haber nutrido mi espíritu. Me daba la impresión de no haber alcanzado el nivel de intimidad espiritual que hubiese deseado. Al contrario, sentí el *acusador* tratando de convencerme de que solo cumplía con un deber "obligatorio" porque al ser maestra de la Biblia se "supone" que debo orar, ya que este tipo de personas *deberían* poder *decir* que oran cada día.

El único método que he encontrado efectivo para ayudarme a ser constante en la oración es fijarle un tiempo y lugar concreto. De otra forma, siempre habrá otras cosas que se interpongan. No toleres ninguna distracción. No te engañes pensando que lo harás más tarde. Al final del día te sentirás demasiado agotado para entrar en el resposo de Dios. Simplemente querrás decir: "Señor, bendice a todo el mundo entero. Conoces cada necesidad. ¡Buenas noches!"

Creo que llegará el momento en la vida de cada creyente en el que la clave de su supervivencia dependerá de su relación con el Señor. Cuando el esposo de mi amiga, Althea Sims, sufrió un derrame cerebral, ella se vio en la posición de tener que sobrellevar el peso espiritual y administrativo de la iglesia donde él trabajaba como pastor. Además, tuvo que hacerse cargo de las responsabilidades financieras del hogar, algo de lo que él también se encargaba. Se encontraba en terreno desconocido. Además, seguía ejerciendo como madre de sus hijos dependientes. Los médicos no daban mucha esperanza de que el Pastor Reggie sobreviviese al incidente. Althea era el Peñón de Gibraltar y se notaba que no era fachada —emanaba fuerza y paz. Hace poco le pregunté cómo supo mantener la compostura durante esos momentos tan estresantes. Ella replicó: "Sobreviví gracias a mi relación con el Señor cuando ocurrió todo esto". Había reforzado el fundamento mucho antes de la tormenta. Salomón tenía toda la razón cuando dijo: "Si en el día de la aflicción te desanimas, muy limitada es tu fortaleza" (Pr. 24:10 NVI). No podemos escapar a las aflicciones y los factores de estrés en la vida, pero sí podemos fortalecer nuestros espíritus por medio de la oración y la Palabra de Dios para adquirir la fuerza y el valor para responder adecuadamente a ellos y superarlos.

LA ORACIÓN PARA HOY

Señor, por favor, enciende en mí una pasión por la oración y por tu Palabra para que pueda fortalecer mi fundamento espiritual y resistir las tormentas cuando aparezcan en mi vida.

Día 3

Duerme

En paz me acostaré, y asimismo dormiré;
Porque solo tú, Jehová, me haces vivir confiado.

SALMO 4:8

Dormir es más importante para nuestra supervivencia que el agua o el alimento. Obtener el sueño suficiente para restaurar nuestros cuerpos es un factor clave para controlar el estrés del día a día. Además, no dormir suficiente aumenta el estrés y nos puede hacer menos capaces para manejar situaciones estresantes. La mayoría de los adultos, independientemente de su edad, necesitan las ocho horas recomendadas de sueño por noche. Pero a veces el estrés no nos deja dormir, lo cual lo complica todo y crea un círculo vicioso: una situación estresante nos roba el sueño y la falta de sueño causa más estrés. El insomnio es, por tanto, una de las muchas indicaciones de que el cuerpo está estresado.

¿Cuáles son tus hábitos de sueño? ¿Acostumbras a acostarte y levantarte más o menos a las mismas horas o permites que las circunstancias, las personas, las fechas límite u otras circunstancias dicten tus horas de sueño? Hay quienes tienen rutinas bastante complicadas a la hora de irse a la cama. Si tú eres así, ¿te permites suficiente tiempo para poder acabar tu rutina, o consientes que la rutina en sí se convierta en un factor de estrés? ¿Se te ha ocurrido alguna vez acabar tus preparativos horas antes de ir a la cama? La mayoría de nosotros pensamos que el sueño no es más que un proceso pasivo por el que nos dejamos llevar por la somnolencia y nos despertamos horas más tarde bien descansados. Pero lo cierto es que el sueño es un estado activo. Se llevan a cabo muchos procesos metabólicos y de restauración en las diversas etapas del sueño. Si el cuerpo no obtiene el descanso que necesita para rejuvenecerse, no es de extrañar que nos irritemos por los motivos más insignificantes y tengamos un apetito enorme. El hambre que sentimos es simplemente el cuerpo que nos pide la energía que en teoría debería obtener de una buena noche de descanso.

Si te cuesta dormir, puedes probar varias cosas que te ayudarán a dormir mejor. Si bien los expertos desaconsejan el ejercicio dos horas antes de dormir, yo encuentro que un paseo tranquilo en mi cinta de ejercicio me ayuda a dormir bien. El secreto está en no hacer ninguna actividad que acelere demasiado el ritmo cardiaco, ya que puede interferir con el sueño. También puedes probar un baño caliente a la luz de una vela de aromaterapia. Es recomendable evitar la cafeína, el alcohol, la nicotina y comidas pesadas antes de la hora de dormir.

(Por supuesto, la eliminación total del uso de estas subs-
tancias en general sería positivo). Si eres menopáusica o
premenopáusica, puede que a esta lista tengas que añadir el azúcar. La habitación donde duermes debe estar
en total oscuridad y con un ambiente fresco. La compra de persianas que protejan de la luz matutina puede
resultar una inversión valiosa. Yo también utilizo una
visera para que no me moleste la luz cuando mi marido
se levanta antes que yo. Tener un colchón y una almohada de calidad resulta obligatorio. No merece la pena
economizar y optar por un colchón y almohada de baja
calidad. Resultan tan importantes como calzar zapatos
cómodos. Yo utilizo una de esas almohadas elastoméri-
cas que garantiza una alineación correcta de la cabeza y
el cuerpo durante toda la noche. Cuando salgo de viaje
y no puedo llevar la almohada, noto la diferencia en la
calidad del sueño. Utiliza sábanas limpias. Aunque no
es necesario cambiar las sábanas cada dos o tres días,
cambiar la funda de la almohada con frecuencia te permitirá tener una noche de descanso tranquilo.

Si te resulta imposible poner el freno a tus pensamientos acelerados, intenta el ejercicio de respiración
profunda que se explica en el capítulo 22, "Libera tu
tensión". Si hay algún asunto que tienes que tratar, haz
planes para tratarlo. Descubre por qué no puedes conciliar el sueño.

Si ninguna de estas sugerencias parece funcionar, y
después de tres semanas o más sigues teniendo problemas para dormir, habla con tu médico, un experto en

alteración del sueño o un profesional de salud mental. Y mientras tanto, medita en pasajes bíblicos relacionados con el sueño, como Proverbios 3:24: "Cuando te acuestes, no tendrás temor, sino que te acostarás, y tu sueño será grato". Y ora sin cesar al Gran Médico.

LA ORACIÓN PARA HOY

Padre, a tus hijos les prometiste descanso. Por tanto, me acostaré y mi sueño será grato.

Día 4

Nutre tu cuerpo

*Si, pues, coméis o bebéis, o hacéis otra cosa,
hacedlo todo para la gloria de Dios.*

1 Corintios 10:31

Te resultará mucho más fácil controlar el estrés si entiendes cómo los alimentos que consumes afectan a tu habilidad de hacer frente a las presiones diarias. A pesar de los numerosos libros que hay en el mercado hoy que explican de forma adecuada cómo alimentar correctamente nuestros cuerpos, la ignorancia sobre este tema parece ser la norma en Estados Unidos, donde la incidencia de la obesidad continúa en alza. Y es que cuando sentimos la tensión, encontramos refugio y consuelo en la comida.

Nutrir nuestros cuerpos de forma adecuada es una labor de por vida, y es recomendable que tomemos conciencia al máximo de este aspecto. Me sorprende la cantidad de personas que desconoce la diferencia entre proteínas (carnes magras, huevos, etc.) y carbohidratos (pan, pasta, papas, arroz, etc.). Hay quienes ignoran completamente la diferencia entre carbohidratos *simples* (productos artificiales como papas fritas, galletas y pasteles) y carbohidratos *complejos* (fruta, verduras, legumbres y alimentos no manipulados por el hombre). Los carbohidratos complejos y las proteínas son una excelente combinación para tener un cuerpo sano y un control de peso apropiado. Por último, hay quienes piensan que los aceites para cocinar que llevan el eslogan "sin colesterol" no tienen calorías y se pueden consumir en cantidades ilimitadas. Lo que realmente quiere decir es que son aceites insaturados (no se solidifican con el frío) pero tienen la misma cantidad de calorías que otros aceites, la más alta de todos los alimentos. Puedes informarte más sobre la nutrición con una visita a tu librería o tienda dietética local y comprar algún libro, aunque sea de bolsillo, que explique la composición de ciertos alimentos. Una vez entiendas que la comida basura no contiene prácticamente ningún valor nutricional, no podrás incluirla en tu dieta habitual sin cargo de conciencia. No cabe duda que se te puede antojar un pastelito de vez en cuando, pero no deberías incluirlos como parte de tu dieta normal.

Si sufres de los síntomas físicos del estrés, como son la falta de concentración, la fatiga o un apetito enorme, puedes sentirte tentado a recurrir a la comida basura como solución fácil y rápida. Las opciones suelen ser alimentos que contienen cafeína, azúcar o algo salado y crujiente. ¿Te has dado cuenta que no suelen antojarte alimentos como zanahorias, manzanas, o carnes magras, aunque a largo plazo son lo mejor para ti? Pero he ahí la cuestión: a largo plazo. Los alimentos sanos hacen que el nivel de azúcar en la sangre tarde más en incrementarse hasta el punto en que nos sentimos satisfechos. Sin embargo, la comida basura provoca un resultado inmediato debido a que sus ingredientes refinados se asimilan de forma más rápida. Además, la comida basura provoca la liberación por parte del cerebro de la serotonina, una hormona que te ayuda a relajarte, aunque sea por poco tiempo. De hecho, el tiempo es tan breve que te hará falta otra dosis de carbohidratos para recuperarte del bajón en picado del azúcar en la sangre. Y lo más probable es que esta vez tendrás que consumir aún más carbohidratos, puesto que tu nivel de azúcar en la sangre desciende a un nivel incluso inferior del que estaba antes de la primera ingesta de carbohidratos. De forma que tu cuerpo tendrá que trabajar más duro para devolver tus niveles de azúcar a la normalidad. ¿Comienza a sonar este panorama a un ciclo de drogadicción? Durante toda esta actividad, es bastante probable que en realidad no tuvieses hambre, sino que alimentabas la emoción de turno (sea ira, temor, fatiga, etc.) generada por el estrés. Una siesta de 10 o 15 minutos puede ser la mejor solución. Evidentemente, si tuvieses la diligencia de comer alimentos sanos con frecuencia a lo largo del día, el azúcar en la sangre se mantendría a los niveles correctos y esos antojos se esfumarían.

Conoce tu propio cuerpo y controla lo que te incita a comer. Una de las estrategias más recomendables para hacerle frente a la alimentación provocada por el estrés es obtener la proteína sana a primera hora de la mañana. En vez de donuts y café, prueba un sándwich de huevo o una tostada con crema de cacahuetes y un vaso de leche desnatada o de soja. Haz previsión para los momentos en los que el estrés te impulse a comer mal. La mejor forma de hacerlo es tener al alcance solamente alternativas sanas. Cuando me pongo a escribir, solo traigo alimentos saludables. Por supuesto, cuando me levanto a medianoche y se me antoja una bolsa entera de galletas de chocolate, me resulta muy frustrante encontrar que solo hay melón.

Los suplementos nutricionales y homeopáticos también juegan un papel importante en ayudarnos a superar el estrés, la tensión o la ansiedad. Sin embargo, antes de empezar un programa de hierbas medicinales, es recomendable que contactes al menos con tu médico para cerciorarte de que determinadas hierbas no interfieran con la medicación que puedas estar tomando. Es un hecho bien sabido que durante tiempos de estrés el nivel de vitamina C en el cuerpo disminuye. Es posible que haga falta una dosis extra para mantener los niveles.

Nuestros hábitos alimenticios tardaron años en desarrollarse. No me cabe duda de que mi inclinación a lo dulce data de cuando iba a casa de mi abuela. Los pastelitos de té que servía curaban todos los males. El hecho de identificar el origen de un mal hábito no implica que pueda utilizarlo como excusa para seguir reincidiendo en un comportamiento inadecuado. Significa, en pocas palabras, que debo desarrollar nuevas estrategias para controlar el estrés en mi vida. Por ejemplo, ahora me suelo decidir por una fruta o una barra proteínica en vez de un *snack* alto en carbohidratos con poco o ningún valor nutritivo.

Largos periodos de estrés pueden causar el mal funcionamiento de nuestros sistemas internos. Es esencial que mantengamos nuestro cuerpo fuerte escogiendo alimentos con alto contenido nutricional y no alimentos que nos perjudican.

LA ORACIÓN PARA HOY

Padre, por favor, dame el deseo y la disciplina para consumir alimentos que nutran adecuadamente mi cuerpo.

Día 5

Haz ejercicio físico

*Al contrario, vivo con mucha disciplina y trato
de dominarme a mí mismo. Pues si anuncio
a otros la buena noticia, no quiero que
al final Dios me descalifique a mí.*

1 CORINTIOS 9:27 BLS

El ejercicio físico es un remedio excelente para eliminar el estrés, y resulta crítico para el proceso de normalización del cuerpo tras un evento estresante. Cuando el cerebro detecta una amenaza o un peligro, inmediatamente libera hormonas que llevan un mensaje urgente a través del torrente sanguíneo a las glándulas suprarrenales (situadas encima de los riñones). El mensaje viene a decir: "Preparémonos para resistir o huir". Las glándulas suprarrenales producen un exceso de sustancias químicas del estrés, específicamente cortisona y adrenalina, y las envía rápidamente al torrente sanguíneo, que lo suministra a otras partes del cuerpo a través de las fibras nerviosas. El cuerpo reacciona con un aumento de fuerza, presión sanguínea elevada, y otras ayudas para resistir o huir. Existen incontables historias de personas que han demostrado fuerza extraordinaria en una situación de crisis. Oí acerca de una madre menuda que nada más y nada menos levantó la parte trasera del auto para salvar a su niño que había quedado atrapado.

Por supuesto, una crisis no se limita a una amenaza de peligro físico. La posibilidad de perder un trabajo o que se muera un ser querido o incluso la alegría de un momento feliz pueden ser la causa de que el cerebro ponga al cuerpo en alerta roja. Las glándulas suprarrenales no intentan distinguir entre la excitación positiva o la negativa.

Una vez superada la crisis, el exceso de hormonas debe disiparse del torrente sanguíneo, y en este proceso juega un papel importante el ejercicio físico. Actividad física hecha con regularidad ayuda a quemar las sustancias químicas que sobran para que el cuerpo vuelva a la normalidad. Imagínate cómo se acumulan si atraviesas un período de estrés continuo día tras día. Ciertos estudios vinculan la acumulación de hormonas de estrés con derrames cerebrales, enfermedades cardíacas, hipertensión arterial, mal funcionamiento de la tiroides, disminución del tejido muscular, obesidad, problemas de memoria y un amplio abanico de trastornos adicionales. De hecho, hay casos de personas que han muerto de un paro cardíaco durante una crisis porque su músculo cardíaco carecía de la fuerza suficiente para soportar todas las hormonas del estrés que se liberaron al torrente sanguíneo precisamente para preparar el cuerpo para manejar el momento de crisis.

Además del impacto positivo sobre el estrés, la actividad física nos brinda numerosos beneficios adicionales, como son: mejor resistencia a las enfermedades, huesos más resistentes, mayor energía, y músculos más fuertes. ¿Cuál es la mejor actividad? El mejor tipo de ejercicio es el que tú disfrutes más y el que encuentres más conveniente. Éstas son las dos razones principales de por qué la mayoría de nosotros no seguimos un programa de ejercicio con regularidad. Primero, perdemos interés en la actividad porque no conseguimos mucha satisfacción al hacerla. He asistido a clases de iniciación en casi todos los deportes, y en algunos casos dos o tres veces para un mismo deporte. He hecho patinaje en línea, esquí, natación, golf e incluso he completado el maratón de Los Ángeles, pero nada ha cautivado mi interés. Me gusta sencillamente caminar. Siento gran placer de establecer vínculos con mis amigas mientras caminamos en diferentes parques, o por rutas del vecindario o en paseos en la playa.

En segundo lugar, no solemos hacer una actividad con regularidad si requiere demasiado tiempo o esfuerzo. ¿Para qué hacerse socio de un gimnasio en la otra punta de la ciudad si sólo irás dos o tres veces al año? El ejercicio en sí requiere disciplina, así que ¿por qué permitir que una inconveniencia añada incluso más estrés al proceso?

Ya sea una caminata a paso rápido o una clase de ejercicios aeróbicos, casi cualquier actividad física te permitirá desahogarte, te ayudará a desconectarte de aquello que te causa estrés y te mejorará el humor. Además, te relaja y energiza tu cuerpo. El ejercicio tendría que durar como mínimo 30 minutos y realizarse una vez al día al menos cinco días a la semana. Hacer más sería incluso mejor. Algunos expertos recomiendan que si no es posible aislar 30 minutos seguidos, se pueden aprovechar segmentos de 10 minutos a lo largo del día.

También hay otros beneficios en hacer del ejercicio el centro de tu programa anti-estrés. Las personas que tienen una rutina activa suelen comer mejor y, tal y como comentamos en el capítulo anterior, una dieta saludable ayuda a tu cuerpo a controlar mejor el estrés. Además, el ejercicio físico te ayuda a perder peso, mantener tu peso ideal y sentirte mejor contigo mismo. Sentirse mal con su físico puede constituir en sí un factor de estrés.

Si te resulta imposible encontrar el tiempo para un programa de ejercicio oficial, procura incorporar la actividad a tu estilo de vida. Hace poco, mi médico me sugirió que estacionase mi auto lejos del centro comercial para obligarme a caminar más. Quizá podrías utilizar las escaleras varias veces durante el día, al menos para subir algunos pisos.

El estrés puede producir en tu cuerpo un desgaste tanto a nivel mental como físico. No obstante, un cuerpo sano puede tolerar el estrés mejor que un cuerpo no sano. En 1 Timoteo 4:8, Pablo le recuerda a Timoteo que "aunque el ejercicio físico trae algún provecho, la piedad es útil para todo, ya que incluye una promesa no sólo para la vida presente sino también para la venidera" (NVI).

Haz que tu ejercicio físico encaje en tu estilo de vida. Lo más importante es no dejar de moverte.

LA ORACIÓN PARA HOY

Padre, con tu poder divino, capacítame para realizar algún tipo de ejercicio físico de forma regular.

Día 6

Vive conforme a tus valores

*Miré yo luego todas las obras que habían hecho
mis manos, y el trabajo que tomé para hacerlas;
y he aquí todo era vanidad y aflicción de
espíritu, y sin provecho debajo del sol.*

ECLESIASTÉS 2:11

¿Qué principios guían tu vida? ¿Qué impulsa tu comportamiento? ¿Te dedicas a la búsqueda de las cosas buenas que ofrece la vida? ¿O quizá persigues cierta posición social o te motiva el simple deseo de hacer todo lo que haces a la perfección? Sea cual sea tu motivación, ¿merece la pena el estrés que te causa? Veamos cómo trató nuestro Señor el estrés autoimpuesto de una mujer en particular.

Un día, Jesús y sus discípulos fueron a visitar a Marta y María. Marta, una anfitriona excelente, hacía todo lo posible para que todo estuviese a punto para sus invitados. María, en cambio, tenía una perspectiva diferente. Decidió sentarse a los pies de Jesús y escucharle hablar. A Marta no le pareció nada bien esa actitud. Necesitaba que María le echase una mano, por lo que apeló al Señor.

> *Pero Marta se preocupaba con muchos quehaceres, y acercándose, dijo: Señor, ¿no te da cuidado que mi hermana me deje servir sola? Dile, pues, que me ayude. Respondiendo Jesús, le dijo: Marta, Marta, afanada y turbada estás con muchas cosas. Pero sólo una cosa es necesaria; y María ha escogido la buena parte, la cual no le será quitada"* (Lc. 10:40-42).

Para Marta resultó lamentable que Jesús respaldase a María. El comportamiento de María comunicaba lo siguiente: "Valoro esta oportunidad de sentarme a los pies de Jesús y deleitarme en sus palabras, por lo tanto, es precisamente aquí donde voy a invertir mi tiempo y mi energía". El tema central de este relato no es la oración, sino cómo alinear nuestros valores con nuestro comportamiento. Marta no era una mala persona. Simplemente tenía los valores mal priorizados.

Los valores nos sirven de compás interno. Incluso las grandes empresas desarrollan principios basados en sus valores, y estos dictan su comportamiento. Muchos de ellos los enmarcan y cuelgan en sus pasillos y salones para que todos los empleados puedan verlos y adoptarlos. También sirven a la misma empresa como recordatorio de sus obligaciones. Cierta organización cristiana muy popular tiene como uno de sus valores fundamentales la importancia de la familia. Por lo tanto, no es su política hacer que los empleados trabajen horas extras, salvo en casos en los que resulta absolutamente imprescindible. Sus políticas de recursos humanos también impulsan la conciliación de la vida laboral y familiar.

Puesto que los valores son nuestro sistema interno de navegación, cuando escogemos un plan de acción que no es coherente con esos valores, el resultado con frecuencia es el estrés. Consideremos algunos de los valores bíblicos que pueden ayudarnos a minimizar el estrés en nuestras vidas.

La soberanía de Dios. "Mi embrión vieron tus ojos, y en tu libro estaban escritas todas aquellas cosas que fueron luego formadas, sin faltar una de ellas" (Sal. 139:16). Podemos vivir confiados sabiendo que Dios tiene la última palabra en relación a todo lo que nos afecta. La realidad fundamental es que tenemos un destino predeterminado. Aunque Dios no nos revela la sinfonía de nuestras vidas de principio a fin, sí espera que sigamos su guía como director. Por ejemplo, en el ámbito profesional, Él es quien determina el momento de nuestros ascensos, nuestro contacto con personas de influencia, y todos los demás detalles de nuestra carrera profesional. Resulta un insulto a su omnipotencia intentar conseguir un ascenso en el trabajo mediante la traición, las maquinaciones políticas deshonestas, las maniobras estratégicas y otras actividades estresantes. Ello no significa que no debamos trabajar de forma excelente o expresar nuestros deseos y preferencias a los que tienen el poder de decisión. Además, tenemos la obligación de aprovechar todas las oportunidades que nos presenta y tratar con todas las personas clave que traiga a nuestras vidas. El aspecto clave es dónde ponemos nuestra fe, en nuestros propios esfuerzos o en la soberanía de Dios.

La integridad. "La integridad de los rectos los encaminará" (Pr. 11:3). Si conducimos nuestros asuntos con integridad, conoceremos la paz que viene de saber que hemos actuado bien a ojos de Dios. La integridad no es meramente ser honesto o decir la verdad, sino hacer que lo que dices sea verdad. Es cuestión de cumplir con tu palabra. Cuando los demás saben que pueden confiar en tu palabra, se elimina también el estrés de la otra persona. Conozco a una persona que rara vez cumple su palabra. Cuando me promete algo, ni me atrevo a esperar que lo vaya a cumplir. En Salmos 15:4, David declara que una de las características del que estará en la presencia de Dios es que "cumple lo prometido aunque salga perjudicado" (NVI).

La humildad. "El temor de Jehová es enseñanza de sabiduría; y a la honra precede la humildad" (Pr. 15:33). La humildad no es sentirse no digno de algo, más bien se trata de una actitud que acepta tanto los puntos fuertes dados por Dios como las debilidades que Él permite. Cuando aceptamos ambos lados de la moneda, estamos en paz. Nuestros puntos fuertes no deben hacernos orgullosos. Nuestras debilidades no han de provocarnos ansiedad, porque como Dios declaró al apóstol Pablo:

"Bástate mi gracia; porque mi poder se perfecciona en la debilidad" (2 Co. 12:9).

La igualdad. "Porque no hay acepción de personas para con Dios" (Ro. 2:11). Ninguna persona es mejor o más importante que otra. Hay quienes simplemente han tenido más acceso a lo que el mundo tiene que ofrecer, han conseguido más educación, o han sido llamados a ocupar cargos de autoridad y responsabilidad. Pero nadie es intrínsecamente mejor que otro. Nadie. Al pie de la cruz de Cristo el terreno es llano. Sea cual sea nuestra condición en la vida, hemos de tratar a todo el mundo con el mismo respeto.

La generosidad. "Dad, y se os dará; medida buena, apretada, remecida y rebosando darán en vuestro regazo; porque con la misma medida con que medís, os volverán a medir" (Lc. 6:38). Cuando damos es cuando más nos parecemos a Dios, y jamás podremos ganarle en este aspecto. No tenemos por qué sentir ansiedad de no tener suficiente si abrimos nuestra mano generosamente a los demás.

Esta lista de valores cristianos no pretende ser exhaustiva. Es posible que en tu lista figuren otros. Lo que importa es que permitas que tus valores fundamentales lleguen a convertirse en el motor de tus acciones. El comportamiento contradictorio a estos valores te quitará la paz.

LA ORACIÓN PARA HOY

Padre, quiero que seas glorificado en todo lo que hago, y por ello te pido que me des sabiduría, valor y disciplina para que mis decisiones, comportamiento y acciones concuerden con mis valores.

Día 7

Programa sabiamente tu día

Por Jehová son ordenados los pasos del hombre,
Y él aprueba su camino.

SALMO 37:23

Cada nuevo día nos presenta con 1.440 minutos que podemos utilizar a nuestra discreción. A menos que de forma deliberada decidamos cómo invertir ese tiempo, descubriremos que el día ya ha pasado y no hemos realizado las tareas que queríamos completar. La mejor solución para este problema es preparar y seguir una lista bien priorizada de las cosas que tienes que hacer. Debo advertirte de principio que la lista en sí puede convertirse en una fuente de estrés si la haces demasiado larga. Mi amiga Sandra siempre me recomienda que evite programar más de dos actividades importantes en un mismo día. Por ejemplo, si tengo que llevar a mi madre a una visita con el médico por la tarde, quizá no sería buena idea ir a la peluquería por dos horas o programar otras actividades que requieran tanto tiempo. Yo utilizo un calendario electrónico y doy prioridad a cada actividad en base a su importancia. En contra de lo que puedan opinar algunos, no toda actividad es de igual importancia. Puedes posponer hasta mañana aquellas actividades insignificantes que te causarían estrés si las tuvieras que hacer hoy. Si no acostumbras a hacer una lista de cosas que hacer, puedes encontrar que acabas dando vueltas todo el día sin un sentido de propósito. Aunque no tengas un PDA u otro dispositivo electrónico, una lista sencilla escrita a mano te puede dar el mismo sentido de haber logrado tus objetivos al ir tachando actividades realizadas.

Es posible que alguno de mis lectores tenga el mismo problema que yo a la hora de programar el día. Piensas, al más puro estilo de la *Guerra de las Galaxias*, que lo debes hacer todo a la velocidad de la luz. Como consecuencia, no calculas las posibilidades de que haya interrupciones, que se te pierdan las llaves, o que haya personas a tu alrededor que se muevan a paso de tortuga. Para mí esto era una gran causa de estrés. Rara vez solía prevenir que fuese a haber mucho tráfico por causa de algún accidente, de algún carril cerrado, etc. Imagina vivir en Los Ángeles con ese tipo de mentalidad. A veces en hora punta literalmente puedes leer un periódico en la autopista.

Por supuesto que el problema más grande que solía tener a la hora de hacer mi lista de cosas para hacer era que me olvidaba completamente de mostrársela a Dios. La preparaba la noche anterior y la imprimía para poder tenerla a mano a primera hora de la mañana. Me viene a la mente una frase del himno "Oh, qué amigo

nos es Cristo", que dice: "¿Vive el hombre desprovisto
de paz, gozo y bendición? Esto es porque no llevamos
todo a Dios en oración". De forma muy real estaba re-
nunciando a mi derecho a la paz de Dios al no dejarle
aprobar, por así decirlo, mi agenda. Lo que he aprendido a hacer ahora es elaborar la lista y mostrársela al
Señor, diciéndole: "Señor, esto es lo que tengo planeado
para hoy. No obstante, no se haga mi voluntad, sino la
tuya". En algunos casos he abandonado la agenda por
completo para dedicar el día a ministrar a una amiga, y
el mundo no se vino abajo.

A la hora de elaborar la agenda, no programes dema-
siadas cosas para el mismo bloque de tiempo. Los estudios han vinculado la realización crónica de varias tareas
a la vez bajo un alto nivel de tensión con la pérdida de memoria a corto plazo. Además, los expertos han determinado que la realización de varias tareas al mismo tiempo
produce mayor ineficacia porque la concentración que se
requiere para realizar cada tarea se ve reducida.

No me cabe duda de que esto es cierto. Solía sentirme
orgullosa por mi asombrosa habilidad de realizar múl-
tiples tareas a la vez. Pero no me daba cuenta de que me
estaba volviendo loca con tantas pilas de papel, tantos
cajones abiertos y tal caos de proyectos inacabados a mi
alrededor. Una vez estaba limpiando la casa, hablando
por teléfono y cocinando cuando saltó la alarma contra incendios. Había ido al piso de arriba para empezar
otro proyecto, pero había dejado una sartén de aceite
caliente en el fuego. La sartén estaba en llamas y la casa

llena de humo. Me quedé petrificada. Cuando por fin llegaron los bomberos y sacaron el humo, prometí que jamás volvería a hacer varias tareas al mismo tiempo, al menos mientras cocinaba. Darnell desde entonces me ha apodado, jocosamente, su "pirómana despistada".

Al trabajar en casa o en la oficina, oblígate a acabar una tarea antes de empezar otra. De esta forma podrás centrar el 100% de tu concentración en la tarea que te ocupa. He colgado una nota enorme en mi escritorio que me dice: UNA COSA A LA VEZ. Me ayuda enormemente a centrarme y maximizar la productividad.

Finalmente, si crees que tienes que hacer algo productivo todos los minuto del día, es hora de redefinir el término. La soledad es productiva. Tomarse un descanso mental mientras esperas en la fila es productivo. Orar por cada miembro de tu familia mientras estás en un atasco de tráfico es productivo. Flexionar y relajar los músculos, memorizar pasajes de la Biblia (yo me los apunto en el dorso de mis tarjetas comerciales), y orar por la salvación de las almas a tu alrededor son todas actividades productivas.

La oración para hoy

Señor, ayúdame a presentarte cada día todos mis planes para que sea realmente productivo y no pierda la paz que deseas para mí.

Día 8

Controla tus finanzas

*Pues si en las riquezas injustas no fuisteis fieles,
¿quién os confiará lo verdadero?*

Lucas 16:11

Los problemas económicos y las incertidumbres que comportan están entre los factores de estrés más comunes y también entre las causas principales por las que se destruyen relaciones. Dichos problemas no surgen necesariamente porque las personas no ganan el dinero suficiente como para cubrir sus necesidades básicas. Mi experiencia como contadora pública me ha enseñado que la mayoría de personas simplemente no sabe conciliar sus anhelos con sus ingresos. Mi padre, un hombre muy frugal, está de acuerdo. Solía decir: "¿Quieres saber la mejor manera de gestionar tu dinero? ¡Deja de desear cosas!". Los miles de millones de dólares en deuda del consumidor en Estados Unidos es prueba suficiente de que es cierto. Las masas están fuera de control, en negación de su verdadero estado financiero. He oído de personas tan desbordadas por las deudas que tiran las facturas a la basura sin siquiera abrir los sobres.

En base a mis años de experiencia profesional, ofrezco las siguientes pautas para minimizar el estrés en tus finanzas:

- Gasta tu dinero según las prioridades de Dios. Dale primero a Dios el diezmo que le corresponde y así no te sentirás culpable por no hacerlo. La desobediencia y la culpabilidad son verdaderos factores de estrés.
- Ora antes de comprar cualquier cosa. Hazte la pregunta: ¿Se trata de algo que necesito, o que quiero?
- No pierdas de vista tu nivel de gastos en relación con tus ingresos.
- Ponte de acuerdo con tu cónyuge respecto al presupuesto del hogar y las metas a corto y largo plazo. No escondas o tergiverses información relativa a tus finanzas.
- Comprométete a ser excelente en tu trabajo sin hacer horas extras exorbitantes.
- Paga todas las deudas de consumo (excluye bienes inmuebles). Quédate con solo una tarjeta de crédito para efectos de identificación.
- Ahorra algo cada mes (un mínimo del 10% de tu sueldo bruto una vez hayas liquidado todas las deudas de consumo).

- No prestes tu firma como aval a nadie. A un pariente o amigo, no le prestes dinero que no puedas darte el lujo de perder.
- Compra todos los caprichos con dinero en efectivo. No utilices tarjetas de crédito para este tipo de compras.
- Asigna siempre en tu presupuesto fondos para recreación y vacaciones.
- Cuando recibas un aumento de sueldo, no ajustes tu estilo de vida para gastar todo lo que ganas. Intenta vivir por debajo de tus ingresos.
- Procura tener una reserva de efectivo para emergencias equivalente a dos meses de gastos para vivir (aunque seis sería ideal).
- Confórmate con lo que tienes. No te esmeres por obtener más y más. Eclesiastés 5:10 nos advierte: "El que ama el dinero, no se saciará de dinero; y el que ama el mucho tener, no sacará fruto. También esto es vanidad".

Cuando estés convencido de que has administrado el dinero de la forma que a Dios le agrada, podrás relajarte y esperar que Dios se manifieste de una forma clara en tu vida. "Por nada estéis afanosos, sino sean conocidas vuestras peticiones delante de Dios en toda oración y ruego, con acción de gracias. Y la paz de Dios, que sobrepasa todo entendimiento, guardará vuestros corazones y vuestros pensamientos en Cristo Jesús" (Fil. 4:6-7).

LA ORACIÓN PARA HOY

Señor, te doy gracias por todas tus bendiciones, y te pido que me ayudes a ser un buen administrador de mis finanzas en todos los aspectos.

Día 9

Haz lo correcto

No hay paz para los malos, dijo Jehová.

Isaías 48:22

El pecado causa estrés en el cuerpo y nos priva de paz. Es curioso ver cómo reacciona el sistema nervioso de una persona sometida a un detector de mentiras. De hecho, el aparato no puede determinar si una persona miente o no. Sencillamente mide cómo su respuesta a ciertas preguntas afecta a su sistema nervioso. Dios diseñó nuestro cuerpo para que Él se viese glorificado cuando vivimos de forma santa y piadosa. Cuando pecamos, el estrés que esto causa provoca efectos negativos en todo nuestro cuerpo. Aunque nunca te hayas sometido al detector de mentiras, seguro que estarás de acuerdo que una mentira viene acompañada de una aceleración del pulso cardíaco.

Siempre que actuemos de una forma que va en contra de lo que consideramos correcto, el resultado normal es el estrés. Por ejemplo, debido a necesidades económicas, una persona puede aceptar un empleo o una tarea que le obligue a hacer algo que va en contra de sus convicciones espirituales, como servir alcohol, o cualquier otra actividad que perturbe su conciencia. Para él, solo pensar en ir al trabajo le produce estrés. Muchas mujeres se enfrentan al dilema de hacer concesiones en sus valores para conseguir un ascenso u otros beneficios. A sus ojos, era la única opción. Pero las Escrituras nos recuerdan que "hay camino que parece derecho al hombre, pero su fin es camino de muerte" (Pr. 16:25).

La muerte es la separación definitiva. Poner en entredicho tus convicciones te traerá estrés y te alejará de esa paz que viene de hacer lo correcto. Y en este aspecto juega un papel crucial tener un fuerte fundamento espiritual. Permitir que nuestras convicciones guíen nuestro comportamiento y nuestras decisiones requiere fe y valor. Cuando Daniel, el prisionero hebreo que había prosperado en Babilonia, siguió orando a Dios en oposición al decreto del rey, se enfrentó al riesgo y a la realidad de ser echado a un foso de leones. Era tal el valor que le daba a la oración que estuvo dispuesto a pagar el precio por seguir haciéndola parte integral de su vida. Dios honró su fe y tapó las bocas de los leones. El rey, al darse cuenta de que había sido engañado para firmar el decreto, ordenó que los enemigos de Daniel fuesen destruidos. Daniel disfrutó de una carrera larga y distinguida (Dn. 6).

Puedes eliminar gran parte del estrés en tu trabajo si le das a Dios las riendas de tu vida profesional. Por supuesto, puedes informar a gerencia que tienes interés en avanzar dentro de la compañía, pero acepta que es Dios quien está a cargo, en último término, de tu ascenso. "Porque ni de oriente ni de occidente, ni del desierto viene el enaltecimiento. Mas Dios es el juez; a éste humilla, y a aquél enaltece" (Sal. 75:6-7). Descansa en esta verdad y aplícate para ser excelente en lo que haces y en trabajar bien en equipo. Cumple las normativas de la empresa, no hagas trampa de ninguna forma y prepárate para lo que Dios está a punto de hacer.

No creas que puedes hacer lo correcto con tus propias fuerzas. Habrá momentos en los que la tentación de vengarte, mentir o promover tu causa será fuerte, y a menos que tengas la mirada fija en Dios, será fácil sucumbir. Y si tropiezas, no desesperes ni te agobies. Aprende la lección, arrepiéntete y súbete otra vez al carro. Acude a Dios cada día en busca de la gracia que solo Él da para ser como Cristo. Un viejo himno dice "Te necesito, Cristo". Efectivamente, y en todo momento.

LA ORACIÓN PARA HOY

Padre, te ruego que me ayudes para que no caiga en la tentación y, por favor, líbrame del mal.

Día 10

Disfruta el presente

Así que, no os afanéis por el día de mañana,
porque el día de mañana traerá su afán.
Basta a cada día su propio mal.

MATEO 6:34

Piensa en el día de mañana como si fuera un hijo tuyo. No importa con quién estés o qué estés haciendo, siempre intenta reclamar tu atención. Por supuesto que, al igual que con tu hijo, es importante para ti y quieres estar seguro de que serás capaz de cuidarlo. Ignorarlo sería, pues, imprudente y perjudicial. Pero también es cierto que, de vez en cuando, necesitas un breve descanso.

Actualmente, todo el mundo vive demasiado distraído. Parece como si nadie supiera cómo disfrutar el momento o la etapa actual de sus vidas. Esta obsesión por vivir en dos tiempos, el presente y el futuro, puede producir estrés. Estoy haciendo lo posible por ser una excepción a esta tendencia. Me esmero por estar en el presente con las personas que en ese momento están en mi presencia. Si eres como yo, exigente y orientada a metas fijas, tendrás que hacer un esfuerzo por aprender a ejercer cierta disciplina mental para estar presente con las personas en un entorno dado. Una de las estrategias que me sirven a mí es aislar un bloque de tiempo en el que pueda estar sin pensar en lo que tengo que hacer después. Prefiero esperar a estar con alguien hasta poder dedicarle más que unos pocos minutos, para que la persona en cuestión no se sienta frustrada por mi atención dividida y mi horario apretado. (No utilices esto como una excusa, sino más bien como una prioridad a la hora de planificar tu agenda). Cuando visito a mi madre, dedico al menos un par de horas a cada visita. Salgo con ella a pasear tranquilamente, algo que sirve tanto para frenarme a mí como para ayudarle a ella a hacer ejercicio.

Disfrutar el momento requiere que te centres en la persona o personas con las que estás y en lo que significan para ti. Es bueno hacer preguntas abiertas, a las que tengan que contestar con algo más que un simple sí o no. Escucha atentamente y haz preguntas de seguimiento. Por ejemplo, le puedo preguntar a mi madre, "¿Quién fue tu maestro preferido en la escuela?", seguido de una simple pregunta: "¿Por qué?" Este tipo de diálogo inspira en otros la sensación de que estás presente y te importan sus respuestas. Puede que tus pensamientos se disparen al futuro por un par de segundos, pero vuelve tu enfoque inmediatamente al presente y no pienses en la preocupación. Tus asuntos futuros pueden tratarse más tarde.

Conviértete en tu propio policía del presente cuando estés en una situación social con tu familia. No contestes el teléfono. No aproveches el momento para avanzar trabajo rutinario o mirar tu correo. Prohibido hacer más de una cosa a la vez. Si estás en una boda, reprime los pensamientos sobre el informe que tienes que entregar el lunes. Ora en silencio por los novios. Céntrate, concéntrate y aísla otros pensamientos. Una vez lo aprendas, puedes derivar gran satisfacción de este ejercicio.

Hace poco llevé a mi sobrino de dos años al muelle de Long Beach y disfruté muchísimo viéndole correr y descubrir cosas que yo ya tenía muy vistas. Puse en alerta a mi policía interno y me propuse estar por él, aunque evidentemente con un niño de dos años no tienes otra opción. No admití ni un pensamiento sobre fechas de entrega, charlas que tenía que dar en un futuro inmediato u otros temas que suelen aparecer siempre que estoy con alguien. El rey Salomón advirtió que "es don de Dios que todo hombre coma y beba, y goce el bien de toda su labor" (Ec. 3:13).

Aprender a disfrutar la etapa actual de tu vida es un desafío aún mayor, sobre todo en lo relacionado con asuntos financieros. Puedes estar tan obsesionado con preparar para el futuro, que pasa el día sin que lo hayas vivido. De forma que, en vez de pensar, preocuparte y cuestionar la idoneidad de tu plan de jubilación, ¿porqué no contratar los servicios de un asesor financiero (merece la pena) para que te explique lo que debes hacer para alcanzar tus metas de jubilación? Una vez entien-

das lo que tengas que hacer e implementes el plan, podrás eliminar gran parte de la incertidumbre asociada y
centrarte en disfrutar el presente.

LA ORACIÓN PARA HOY

Señor, ayúdame a recordar que tú
estás al cuidado de cada día de mi
vida y que no tengo por qué sacrificar el momento presente o la
etapa actual de mi vida obsesio-
nándome por el futuro.

Día 11

Aprende a decir que no

*Yo te he glorificado en la tierra; he acabado
la obra que me diste que hiciese.*

JUAN 17:4

Jesús realizó muchos milagros con suma misericordia, pero había ocasiones en las que era consciente de que tenía que seguir con su camino al siguiente lugar para poder anunciar el evangelio. No obstante, los enfermos seguían acudiendo a Él, y sus discípulos realmente deseaban que Él los curara. En una ocasión, sus discípulos lo buscaron mientras estaba a solas orando. "Y hallándole, le dijeron: Todos te buscan. Él les dijo: Vamos a los lugares vecinos, para que predique también allí; porque para esto he venido" (Mr. 1:37-38). ¿Realmente se negó el Señor a llevar a cabo más milagros? La respuesta es sí. Sabía exactamente cuáles eran sus prioridades y mantuvo su objetivo. Por tanto, pudo decirle a su Padre antes de morir: "Yo te he glorificado en la tierra; he acabado la obra que me diste que hiciese" (Jn. 17:4). Ni más, ni menos.

¿Se te hace difícil decir que no, aun cuando te están distrayendo de tu propósito y de tus objetivos? Para la mayoría de las personas, decir "sí" cuando realmente quieren decir "no" hace que su nivel de estrés aumente. Claro que cuando lo hacen, están intentando evitar consecuencias potencialmente negativas, tales como el rechazo, la pérdida de favor, etc. Si te encuentras con tal dilema, un buen ejercicio es detenerte un momento e imaginarte la situación entera de lo que piensas que pasaría si dijeras "no". La única forma de superar tu miedo o inseguridad en esta área es empezar a asumir pequeños riesgos hasta que finalmente te encuentres cómodo respondiendo un "no" firme. La sensación de haber cedido tu capacidad de elección a otra persona carcome tu sentido de valor como persona. Siempre que he hecho algo así en el pasado, me he sentido enfadada conmigo misma y profundamente resentida hacia la persona a la que no me sentí capaz de desilusionar. Me sané de esta tendencia hace años y ahora disfruto de la libertad de poder vivir con mis propias elecciones. Vamos a ver si entras en práctica con un par de ejemplos.

Situación A: Tu amigo Agustín te acaba de pedir que le prestes 500 dólares hasta que se recupere económicamente. Sabes que es irresponsable con el dinero, y realmente no tienes el deseo de prestarle esta suma. Además, si cedieras, estarías recortando la reserva de tus ahorros de emergencia. Digamos que le respondes así: "Agustín, sabes muy bien que no puedo hacer esto". ¿Cómo crees que reaccionará? ¿Cómo afectará su reacción a tu calidad de vida posterior? ¿Se enfurruñará durante un tiempo, les dirá a todos sus amigos que eres un tacaño, intentará dañar tu imagen de una forma u otra? ¿Tienes la suficiente fuerza emocional para tratar con estas situaciones? ¿Es tan crucial a tu bienestar la relación que tienes con él, que prefieres prestarle el dinero a soportar tales consecuencias?

Situación B: Supongamos que Susana se traslada a la ciudad donde vive Ana y le pide que le deje vivir en su apartamento hasta que encuentre una casa. Sabe que Ana tiene una habitación extra. Ahora, Ana sabe que Susana es muy desordenada, mientras que a ella le gusta mucho tener las cosas en su sitio, hasta tal punto que el desorden tiene un gran impacto en su sensación de paz. Ana y Susana son amigas desde hace 20 años y tienen mucha relación. Susana siempre apoyó a Ana en todos sus momentos buenos y malos. Ana acaba de redecorar su casa para adecuarla a su estilo de vida y necesidades. La habitación extra que tiene la usa como oficina, excepto cuando tiene algún huésped ocasional el fin de semana.

¿Debería Ana decirle que no a Susana simplemente porque sería una inconveniencia? A veces un "no" no es una respuesta correcta o cristiana a una situación determinada. Aunque es bueno y emocionalmente saludable aprender a establecer límites, debemos evitar volvernos egoístas y no dispuestos a sacrificarnos por los demás. A veces un "sí" con límites bien establecidos ayudará mucho a preservar tu paz y tu relación con otras personas. Por ejemplo, Ana y Susana harían bien en ponerse de acuerdo sobre cuánto tiempo se va a quedar Susana. Además, es muy importante que Ana comunique todas sus manías desde cómo le gusta organizar el refrigerador hasta el toque de queda para que suene el teléfono. Me he encontrado con que una simple conversación no es suficiente. Creo firmemente en que estas preferencias se deberían dar por escrito y repasarlas con la persona en cuestión. Esto se puede hacer de forma divertida y amigable, para que no parezca tan impersonal. Por ejemplo, Ana le puede decir: "Susana, nunca conoces a una persona hasta que vives con ella, así que te quiero contar algunas de mis pequeñas manías y excentricidades, y quiero que tú me cuentes las tuyas". Al poner las preferencias de Susana sobre la mesa, además de hacer un compromiso con su amistad, muestra consideración y sentido común por parte de Ana, al mismo tiempo que evita que tengan que andar siempre con cuidado con respecto a la otra.

Estoy maravillada por la cantidad de gente que encuentra casi imposible mantener una conversación como la citada arriba. Que no te quepa duda: se vuelve más y más fácil cuanto más lo haces. Me atrevería a decir que todos mis amigos y huéspedes conocen mis preferencias, manías y rarezas. De hecho, en mi habitación de huéspedes tengo una breve lista de comportamiento preferido para todas los que nos visitan y se quedan a dormir una noche o durante una estancia más prolongada. Algunos me han pedido que les dé una copia para su propio uso. No se trata de una lista hecha con mala intención. Simplemente está diseñada para que su estancia sea cómoda y sin molestias tanto para ellos como para nosotros.

Los padres son otro grupo que sufrirían mucho menos estrés si tan solo fueran un poco fuertes y consistentes. He observado a niños que prueban los límites del mismo modo que un nadador prueba la temperatura del agua con los pies. Los niños quieren límites. Los necesitan. Tengo un montón de sobrinos y sobrinas, y es increíble ver cómo reaccionan conmigo en contraste con sus padres que tienen una actitud de "todo vale". El castigo físico no es siempre la respuesta, pero tendría que haber consecuencias inmediatas e indeseables frente al mal comportamiento.

Finalmente, no te dejes manipular sutilmente para decir que "sí" debido a circunstancias obvias. Algunas personas no pedirán algo directamente, sino que irán lanzando indirectas. Si sabes que al decir "sí" a una petición indirecta o al suplir una necesidad vas a estar fomentando una actitud de dependencia, entonces ponte firme y di "creo que Dios está contigo y que lo arreglará todo". Por ejemplo, una amiga a la que llamaré Ana me llamó y me pidió que orara por su amiga Sara, que tiene problemas económicos parece que desde siempre. Cuando le pedí que me explicara un poco más sobre la situación de Sara, vi claramente que Ana y otros han sido parte del problema, siempre respondiendo personalmente a sus peticiones de oración por sus necesidades económicas. Ana no quería reconocer que estaba siendo manipulada. Le dije a Ana que en vez de orar por Sara, le pidiera a Dios que le quitara las escamas de sus propios ojos para que pudiera ver la situación tal como era y para que tuviera el valor de enfrentarse a Sara y ministrarle de una manera que impactara su vida de forma efectiva y duradera.

Aunque sea una palabra corta, "no" es una frase completa que te ayudará a bajar tu nivel de estrés y mantenerte cuerdo si la usas con sabiduría.

LA ORACIÓN PARA HOY

Señor, enséñame cuándo y cómo decir "no" cuando sea tu voluntad que lo haga.

Día 12

Sé flexible

En cambio, la sabiduría que desciende del cielo es
ante todo pura, y además pacífica, bondadosa, dócil...

<small>Santiago</small> 3:17 NVI

Las personas flexibles son personas felices.
Experimentan mucho menos estrés que las personas rí-
gidas que insisten en que las cosas se hagan de acuerdo
a una política o de la manera que les parece mejor, sin
tolerar el más mínimo cambio. La inflexibilidad resulta
tan estresante en parte porque para alcanzar nuestras
metas y objetivos hemos de contar con humanos pen-
santes que a su vez tienen sus propias ideas brillantes.
Si no eres receptivo a nuevas formas de hacer las cosas porque las consideras un rechazo personal de tus
propias ideas, necesitas correr hacia el altar y buscar la
sanidad de Dios. De lo contrario, estarás en un estado
continuo de frustración y estrés.

Cuando ejercía de gerente corporativa, entre los muchos empleados a mi mando había mujeres con hijos.
Tuve que hacerme a la idea de que "la vida sucede", y

que muchas veces tendrían que llevar a sus bebés al médico, tener reuniones con maestros y realizar muchas otras actividades que interferían con mis reuniones planificadas de personal o con el curso normal de trabajo. Otros empleados necesitaban un ajuste de horas de vez en cuando para atender necesidades familiares o personales. Al principio, me frustraban sus peticiones. Si bien les concedía siempre el tiempo libre que pedían, en mi fuero interno pensaba: *Ese es un problema personal que debería solucionarse fuera del horario de trabajo.* Sin embargo, mi esposo, también gerente corporativo con una plantilla que incluye madres, adultos con padres dependientes, padres solteros y otros, me persuadió a aceptar el mundo real donde "la vida sucede" y a desarrollar una nueva actitud acerca de estas realidades.

Hace varios años, las corporaciones se dieron cuenta de que si no permitían flexibilidad en las horas y los lugares de trabajo, corrían el peligro de desmoralizar o perder empleados que desempeñaban un papel crucial en los resultados de la empresa. Ahora ofrecen horarios flexibles, trabajo desde casa y muchas otras ventajas diseñadas para hacer del trabajo una experiencia positiva para todos.

Jesús fue un gran ejemplo de flexibilidad, algo que no agradaba mucho a los fariseos, la secta judía que insistía en el cumplimiento estricto de la ley. En cierta ocasión sanó a un ciego en el día de reposo, algo que, para los fariseos, significaba trabajo. "Entonces algunos de los fariseos decían: Ese hombre no procede de Dios, porque no guarda el día de reposo" (Jn. 9:16). También permitió que sus discípulos arrancasen espigas de trigo en el día de reposo para comer los granos. Jesús explicó de esta manera su flexibilidad con respecto a "la política": "También les dijo: El día de reposo fue hecho por causa del hombre, y no el hombre por causa del día de reposo" (Mr. 2:27). ¿Puedes imaginarte el estrés con el que vivían los fariseos, en su afán por cumplir cada jota y cada tilde de la ley?

¿Cuán flexible eres? ¿Eres tan riguroso en casa que tu familia siempre teme violar una de tus infinitas preferencias? ¿Acaso hay solo una forma en que se pueden doblar las toallas? Si hay que cambiar los planes debido a circunstancias inesperadas, ¿te hace perder el control? ¿O te detienes y consideras que quizá Dios tiene un plan diferente para ese día?

Si quieres ser más flexible, no intentes esconder tu comportamiento bajo el manto de la excelencia. Sí, por supuesto que quieres hacerlo todo de la mejor forma posible, pero procura reconocer cuándo tus acciones dejan de ser excelentes y empiezan a rozar la inflexibilidad perfeccionista que genera estrés, no solo para ti mismo, sino para los demás también.

Ya lo dice el refrán: La mente de algunas personas es como el cemento, bien mezclado y asentado para siempre. Que no sea este tu testimonio. Relájate. Cede un poco. Procura seguir la corriente. Libera el estrés de la inflexibilidad.

LA ORACIÓN PARA HOY

Señor, dame la sabiduría para saber cuándo debo ceder ante los demás.

Día 13
Delega

*Desfallecerás del todo, tú, y también este pueblo
que está contigo; porque el trabajo es demasiado
pesado para ti; no podrás hacerlo tú solo.*

ÉXODO 18:18

Moisés estaba al borde del agotamiento extremo y no se había dado ni cuenta. Había sacado al pueblo de Israel de la esclavitud en Egipto con gran éxito, y ahora se enfrentaba a la tarea inevitable de tratar con "los problemas del pueblo". Estaba totalmente comprometido a guiarles hasta la Tierra Prometida, y se interesaba por cada uno de ellos y sus problemas. Cada día, desde el alba hasta la puesta de sol, llevaba a cabo la función de consejero y mediador en el desierto, mediando en conflictos, escuchando los problemas de otras personas, e instruyéndoles en las leyes de Dios. Moisés estaba agotado de atender a tantas solicitudes, y al pueblo le impacientaba la lentitud del proceso. Entra en escena Jetro, el suegro de Moisés. Jetro se dio cuenta inmediatamente de que el modelo de pirámide invertida de Moisés, con

él debajo intentando soportar toda la presión de los problemas de su pueblo, no era bueno ni para él ni para
el pueblo. Advirtió a Moisés de que iba camino a un
agotamiento total. Sugirió un plan para delegar algunas de sus tareas de consejero a una jerarquía de jueces
asistentes, esta vez con Moisés en la cima de una pirámide corregida, tratando únicamente los problemas
que le llegaban a través de la cadena de autoridad. Jetro
resumió su consejo a Moisés diciendo: "Si esto hicieres,
y Dios te lo mandare, tú podrás sostenerte, y también
todo este pueblo irá en paz a su lugar" (Éx. 18:23).

La respuesta de Moisés muestra de manera clara su
humildad y el compromiso que tenía con el objetivo de
cumplir su misión, en vez de proteger su ego y su imagen como el libertador y única persona capaz de resolver los problemas. Había llegado el momento de librarse
de parte de la presión. "Y oyó Moisés la voz de su suegro, e hizo todo lo que dijo. Escogió Moisés varones de
virtud de entre todo Israel, y los puso por jefes sobre el
pueblo, sobre mil, sobre ciento, sobre cincuenta, y sobre
diez. Y juzgaban al pueblo en todo tiempo; el asunto
difícil lo traían a Moisés, y ellos juzgaban todo asunto
pequeño" (Éx. 18:24-26). Fue una buena decisión por
parte de Moisés.

¿Delegas de forma efectiva las tareas en tu mundo de
responsabilidades? ¿Y en casa? Si tienes hijos pequeños,
¿les asignas tareas adecuadas para su edad? Mi madre
a menudo trabajaba fuera de casa y a veces, debido a
una enfermedad crónica, estaba postrada en cama. Me

enseñó a cocinar para toda la familia de nueve personas cuando yo tenía solo siete años. Me enseñó a hacer galletas caseras, relleno para pollo, y otras recetas a partir de cero. Claro que todavía era una niña y muchas veces daba rienda suelta a la creatividad con el colorante para comidas. No era cosa rara sentarnos a la mesa para comer pan de maíz rojo, ensalada de papas rosa, y otros platos muy coloridos, aunque no por ello menos suculentos.

¿Capacitas y delegas a los demás de forma efectiva en tu puesto de trabajo? Cuando trabajaba con un cargo de alta responsabilidad en una corporación *Fortune 500*, la regla no escrita era que no te ascendían hasta que no hubieses capacitado a alguien para tomar tu lugar. Por ello, lo primero que hacía alguien cuando le ascendían era escoger y capacitar a su sucesor.

Consideremos algunas razones por las que algunos gerentes no delegan:

- Tienen una mentalidad de "abeja obrera" y no comprenden el papel real de la gerencia en potenciar a sus empleados y dirigir sus esfuerzos.
- Sus superegos les han convencido de que son los únicos que pueden realizar el trabajo con el nivel de perfección que ellos mismos requieren.
- Quieren retener toda la autoridad y saben que si delegan responsabilidades a otros también ceden algo de su control.
- Creen que simplemente no tienen el tiempo para

invertir ofreciendo el apoyo necesario. No se dan cuenta de que si hacen esta inversión inicial en estos temas importantes, dejarán de ser víctimas de los asuntos urgentes.

Veamos ahora si existe esperanza alguna de que, como Moisés, puedas aprender a mejorar tu calidad de vida delegando de forma efectiva. A continuación ofrezco una lista de consejos para aprender a delegar mejor que de seguro funcionarán para ti y reducirán tu nivel de estrés:

- Empieza con las tareas realmente sencillas que actualmente lleves a cabo.
- Escoge a alguien con la capacidad (no solo la voluntad) de realizar la tarea.
- Tómate el tiempo para escribir los procedimientos y repasarlos con la persona escogida.
- Explica por qué la tarea es necesaria y su importancia dentro del funcionamiento general de las cosas.
- Si la tarea se debe realizar en un plazo determinado, deja muy claro los plazos de entrega.
- Detalla tus demás expectativas.
- Por último, dale seguimiento ocasional a la persona para ver su progreso hasta el punto de estar convencido de que puede realizar la tarea sin tu intervención. Este era para mí un punto débil. Yo suponía que una persona inteligente podía hacerlo

todo y hacerlo a tiempo. Le dejaba trabajar sin supervisión hasta la fecha de entrega. Los resultados eran a veces desastrosos. Me daba cuenta, demasiado tarde, que no había quedado claro el plazo o los objetivos del proyecto. Jamás olvidaré el consejo del Obispo Frank Stewart: "La gente no hará lo que *esperas* que hagan, sino lo que *compruebes* que hagan".

Delegar responsabilidades es bueno para todos. Hace que otros se sientan capacitados y valorados y te permite centrarte en asuntos más importantes y simplemente vivir tu vida. He observado que en entornos donde las personas no se sienten capacitadas, tienden a dedicar el tiempo de trabajo a asuntos personales, lo cual perjudica la productividad de todo el departamento.

Creo que la meta de todo gerente debería ser asignar todas sus tareas básicas a sus asistentes y subordinados, dentro de lo posible. No me cabe duda de que el modelo de Jetro todavía funciona.

LA ORACIÓN PARA HOY

Señor, cuando sea necesario, enséñame cuándo y cómo delegar tareas a personas capaces para que yo pueda ser más eficaz para tu gloria.

Día 14

Evalúa tus expectativas

Alma mía, en Dios solamente reposa,
porque de él es mi esperanza.

SALMO 62:5

Todos tenemos ciertas expectativas de las personas en nuestros círculos de interacción, ya sea en el trabajo, en el hogar, en la iglesia o en nuestras vidas sociales. Muchas veces es posible que no estemos del todo conscientes de estas expectativas, no las expresemos o no reconozcamos que son irrealistas. Por lo tanto, nos pueden causar gran frustración y, por ende, estrés.

Considera el caso de María y su amiga Juana. Estaban almorzando con un grupo de amigas un domingo después de la iglesia. Todos hablaban del éxito de un proyecto que María acababa de terminar. De repente, Juana inicia una conversación completamente diferente con la señora a su lado al mismo tiempo que María hacía un comentario. A María le molestó su falta de consideración, y la regañó con tono amigable:

—¡Oye, espera un momento! Aquí ya teníamos una conversación empezada.

—¡No creo que sea correcto que una persona mono-police la conversación! —replicó Juana.

Este comentario ofendió a María profundamente, pero para mantener su reputación de amabilidad, sonrió y dejó el asunto a un lado mientras Juana proseguía la conversación secundaria con su compañera. María sentía cómo le subía el ritmo cardíaco, sentada ahí llena de frustración por la falta de respeto y consideración de alguien que decía ser su amiga. En su mente decidió no invitar a Juana a ninguna actividad social futura y juró que estaría "demasiado ocupada" para aceptar cualquier invitación suya.

Las expectativas frustradas siempre serán causa de estrés si lo permitimos,. Las expectativas de María en relación a Juana no eran irrazonables; a diferencia de Daniela, quien se frustra muchísimo cada semana con el ama de llaves cuando no sitúa las fotos en la repisa de la chimenea exactamente en el mismo lugar y con el mismo ángulo después de quitarles el polvo. "Solo tiene que prestar atención", se queja. "Acaso es pedir demasiado?" Esto le produce estrés a Daniela, especialmente ahora que el ama de llaves le ha pedido un aumento de sueldo injustificable.

Como último ejemplo, consideremos el caso de Juan, que trabaja desde casa. Al atardecer cuando su esposa suele regresar de la oficina, él todavía está trabajando en la computadora.

—¡Cariño, ya estoy en casa! —suele pregonar al entrar.

—¡Hola! —grita él, sin siquiera elevar la mirada hasta que ella entra en su oficina. A ella realmente le fastidia que él no se levante para recibirla en la puerta. A veces, al detectar su cambio de humor le pregunta:

—¿Te pasa algo?

—Pues no —responde ella mientras piensa en silencio: *Ya tendría que saber que debe levantarse para darme la bienvenida ¿Tengo que enseñarle todo?*

Los ejemplos son infinitos. Por desgracia, algunas de las expectativas más dañinas y que producen más estrés son las que tenemos para nosotros mismos. "Debería ser capaz de criar a tres niños, tener la cena en la mesa cada noche, trabajar 10 horas al día y estar perfectamente arreglada al entrar mi marido por la puerta". ¿Y por qué, si se puede saber, *deberías* ser capaz de hacer todo eso? Las expectativas te mantendrán encerrada en una vida llena de estrés, en "la prisión del 'debería'" donde todo funciona y todos se comportan como debieran.

Hagamos un pequeño ejercicio para poner en perspectiva nuestras expectativas. Puedes empezar con tu familia más cercana (conyugé, hijos, hermanos, padres) y enumerar tus expectativas clave para cada persona. Intenta ser objetiva al evaluar si tus expectativas son realistas. Procura comprender el origen o motivo principal de una expectativa. ¿Expresas tus expectativas? Y si no, ¿por qué no? ¿Temes las reacciones de las personas involucradas? ¿Qué es lo peor que podría pasar? ¿Estás dispuesto a ceder en algunas de tus expectativas? Digo *ceder*, no *eliminar*, porque en algunos casos puede que sea necesario mantener altas expectativas de otros, o de lo contrario no tendrían la motivación suficiente para superar su nivel de calidad o rendimiento. No obstante, si quieres conservar la tranquilidad, será necesario en algunos casos eliminar ciertas expectativas, especialmente cuando son cuestiones de preferencia y no asuntos inmorales o ilegales.

Conozco a una mujer cuyo padre nunca le ha dicho: "Te quiero", aunque ella siempre se lo dice al finalizar cada conversación. Él simplemente responde: "De acuerdo". Ella debe aceptar que él no puede cumplir su expectativa (ni lo hará) porque, aunque realmente la quiere, se siente incómodo o le resulta emocionalmente imposible expresarlo. Se trata de una expectativa que ella haría bien en abandonar.

Haz un análisis de tus expectativas para cada uno de tus entornos clave. ¿Qué expectativas tienes de tu jefe? ¿Esperas que se ocupe de orientar tu carrera? ¿Esperas que la empresa donde trabajas te sea leal y nunca te despida si tiene que reducir el personal? ¿Es esto realista? No. En las compañías hoy en día no es nada realista. No es algo personal, es el mundo de los negocios. Considera ahora tu iglesia. ¿Qué expectativas tienes de tu pastor? Por ejemplo ¿esperas que visite a cada miembro que esté hospitalizado? Puede que sea realista esperarlo de un pastor con una congregación de 200 miembros, pero en una mega iglesia lo más normal es que otra persona designada se encargue de hacer la visita.

Por favor, comprende que para tu propia tranquilidad

de espíritu, tendrás que esperar menos de las personas y más de Dios. No dispongas las cosas de una manera que acabará frustrándote. Lleva tus expectativas ante Dios para que Él las evalúe. Permite que Él elimine las que no son realistas. Permite que Él te dé el valor para expresar las que deben comunicarse. Confía en Él para influir sobre los corazones de las personas involucradas para que tus expectativas no se conviertan en una fuente de estrés para ti o para ellos.

LA ORACIÓN PARA HOY

Padre, traigo a tus pies todas mis expectativas y te pido que abras mis ojos para discernir cuáles debo abandonar y cuáles debo expresar.

Día 15

Resuelve conflictos

Por tanto, si tu hermano peca contra ti,
ve y repréndele estando tú y él solos;
si te oyere, has ganado a tu hermano.

<small>MATEO 18:15</small>

Encuentro que un conflicto no resuelto me genera más estrés que pocas otras cosas. Hasta que no lo resuelvo, desata la adrenalina y consume mis pensamientos. En consecuencia, trato de resolver las ofensas y los malentendidos de forma inmediata. No todo el mundo piensa de esta forma. A pesar de que Jesús nos ordenó tomar la iniciativa para reconciliarnos con un hermano que nos hubiera ofendido, muchos cristianos creen que debemos guardar silencio por "mantener la paz". Si queremos controlar el estrés en nuestras vidas, hemos de desarrollar las habilidades necesarias para hacer frente a los conflictos que sin duda surgirán, porque, de hecho, los conflictos son inevitables. Además, el problema de no enfrentar un conflicto es que probablemente surja de nuevo.

A continuación ofrezco algunas pautas básicas para resolver conflictos que, si se ponen en práctica, darán un resultado armonioso:

- Pídele a Dios que te dé sus palabras para que se cumpla su propósito. "Así será mi palabra que sale de mi boca; no volverá a mí vacía, sino que hará lo que yo quiero, y será prosperada en aquello para que la envié" (Is. 55:11).

- Presenta ante Dios tu enojo y demás emociones antes de tratar con la persona que te ha ofendido. Las emociones suelen interponerse en el camino de los hechos e interferir con el pensamiento objetivo. No es tan difícil como suena, una vez hayas decidido hacer todo esfuerzo por resolver el conflicto de forma pacífica. "Si es posible, en cuanto dependa de vosotros, estad en paz con todos los hombres" (Ro. 12:18).

- Describe tu percepción del problema de la forma más clara posible. Evita declaraciones imprecisas que dan lugar a interpretaciones equivocadas. Por ejemplo: "Tienes que mejorar" no aclara realmente el problema.

- Centra la discusión en el comportamiento de la persona en cuestión, y evita comentarios sobre su carácter. Por ejemplo, es mejor decir: "Fue inapropiado de tu parte abrir mi correo personal" que "¡No me puedo creer que seas tan entremetido!"

- Mantén la mente abierta y trata siempre de comprender primero la conducta de la otra persona en vez de justificar la tuya. Evidentemente, esto requiere que escuches atentamente por tu parte. Escuchar dará validez a sus sentimientos y le incentivas para escucharte a ti.

- Resuelve los temas de uno en uno. No embrolles la discusión con otros asuntos pendientes entre ambos; resuélvelos más tarde.
- Decide cuál será el plan de acción en un futuro si la situación aparece de nuevo.

Las contiendas generan estrés, y nos conviene mantenerlas a raya. No podemos eliminar los conflictos de nuestras vidas, ya que todos somos personas únicas con diferentes trasfondos, estilos de comunicación y preferencias. Sin embargo, podemos enfrentar los problemas, resolverlos y, como resultado, crecer.

La oración para hoy

Señor, ayúdame a hacer todos los esfuerzos posibles para vivir en paz con todos.

Día 16
Deja atrás el pasado

*Hermanos, yo sé muy bien que todavía no he
alcanzado la meta; pero he decidido no fijarme
en lo que ya he recorrido, sino que ahora
me concentro en lo que me falta por recorrer.*

Filipenses 3:13 BLS

Si te cuesta perdonar a alguien que te ha hecho daño a ti o a un ser querido, probablemente no será porque ignoras las razones bíblicas y otras por las que deberías perdonar.

Probablemente sepas ya que Dios no te perdonará a ti si rehúsas perdonar a la persona que te ofendió. "Y cuando estéis orando, perdonad, si tenéis algo contra alguno, para que también vuestro Padre que está en los cielos os perdone a vosotros vuestras ofensas" (Mr. 11:25). Ya sabes que si dejaras atrás la ofensa te resultará beneficioso tanto emocional como físicamente. Te das cuenta de que tu falta de perdón te está estresando porque mantiene el recuerdo de la ofensa bien fresca en tu memoria. Incluso puedes llegar a sentir que tu corazón se acelera un poco más cada vez que repasas los detalles, echando más adrenalina en las venas. Si solo se pudiese castigar de alguna forma al malhechor, no de mi propia mano necesariamente, pero que sufra un poco del dolor que siento. Los pensamientos de venganza son tus compañeros constantes. ¡Alto! ¿Por qué permites que una persona domine y controle tus pensamientos de esta forma? ¿No te gustaría sentir la paz mental que viene de dejar atrás el pasado y centrarse en el futuro? Veamos cómo puedes fugarte de la cárcel del rencor.

Uno de los mitos más engañosos sobre el perdón es que puedes hacerlo con tus propias fuerzas. En cierta ocasión alguien dijo que "perdonar es divino". Esta declaración recoge más de lo que aparenta a simple vista. El perdón no es una buena idea simplemente. Es una orden divina que requiere ayuda divina. Incluso el deseo de perdonar a alguien que te ha ofendido viene de Dios. "Porque Dios es el que en vosotros produce así el querer como el hacer, por su buena voluntad" (Fil. 2:13). Llegar al punto de ese "querer" puede tardar años para quienes el hecho de mimar el resentimiento, como una madre mima a su niño, les es algo agradable. Con este tipo de mimos lo único que puede hacer el rencor es crecer. Para un hijo de Dios, este no debería ser el caso, porque nuestro deseo es de hacer lo que le agrada a Él. Por tanto, debemos pedir la intervención de Dios siempre que alguien nos hiere. Cuando Él te da el deseo de agradarle en este aspecto, es muy probable que no sientas el deseo de perdonar como una emoción. No te preocupes. Has tomado una decisión deliberada de hacer lo correcto, y ahora el peso recae sobre tu Padre celestial para sanar tus emociones.

Tomemos un minuto para desacreditar algunos mitos en torno al perdón. No implica que tengas que reanudar una relación con quien te ofendió, especialmente si es obvio que la persona en cuestión sigue sin arrepentirse y no ha cambiado su conducta. Tampoco quiere decir que apruebas lo que hizo. No debes pensar que le estás librando de responsabilidad. Lo que estás haciendo es librándote a ti mismo de una situación en la que el dolor podría cerrarte las puertas al futuro que tienes por delante. Por último, olvídate de olvidar. ¿Cómo puedes olvidar lo ocurrido? Solo Dios tiene el poder de borrar de su memoria los eventos ocurridos. Tú siempre podrás traer a la memoria la ofensa si lo deseas; sin embargo, Dios le quitará la amargura y podrás recordarlo sin malicia o deseo de venganza. No permitas que Satanás te tiente a pensar que no has perdonado porque todavía lo recuerdas.

La falta de perdón es un problema tan grande en el mundo hoy en día entre personas y entre naciones, que varias instituciones seculares estudian formas de enseñar a la gente a perdonar. El "Proyecto del Perdón" de la Universidad de Stanford, que estudia el impacto a largo plazo del perdón sobre la salud mental, ha demostrado que no hay nada mejor que el perdón para reducir el estrés crónico —la clase de estrés que te va consumiendo poco a poco durante un tiempo prolongado. Los investigadores han afirmado que la habilidad de perdonar es una conducta aprendida. Su método implica convencer a los participantes para buscar formas de mostrar comprensión hacia el agraviador y encontrar algo por lo que puedan sentir compasión. Imagina el impacto de su método si introdujesen a Dios en la ecuación.

Por cierto, ¿eres *tú* uno de los agraviadores que debes perdonar? ¿Sientes tanto remordimiento por algo en tu pasado que no logras perdonarte a ti mismo? ¿Te das cuenta que no importa lo que hayas hecho, no tomaste a Dios por sorpresa? ¿Sabes que "todos pecaron, y están destituidos de la gloria de Dios" (Ro. 3:23)? Entonces ¿por qué te esclavizas a ti mismo? ¡Deja atrás tu pasado y vive el presente!

LA ORACIÓN PARA HOY

Padre Dios, con tu poder perdono hoy a toda persona que alguna vez me haya hecho mal o causado dolor, a mí o a un ser querido, y te ruego que intervengas para sanar mis heridas emocionales.

Día 17

Tómate un respiro

Él les dijo: Venid vosotros aparte a un
lugar desierto, y descansad un poco.

MARCOS 6:31

Dios ordenó la observancia del día de reposo por una buena razon: para que el hombre descansara de sus labores. Si Él, siendo sobrenatural, descansó después de los seis días de actividad de creación, ¿cuánto más deberíamos descansar nosotros? Hoy día muchas personas tienen un ritmo de vida donde no paran, como si se tratara de hormigas preparándose para el invierno, sin apenas tomarse un respiro.

Jesús era un gran partidario del descanso. En cierta ocasión envió a sus discípulos a una misión evangelística, y volvieron rebosantes de entusiasmo, contando los milagros asombrosos que habían realizado. La respuestá de Jesús nos puede parecer extraña. Pensaríamos que les hubiera animado a mantenter el ímpetu. No fue así. Él les dijo: "Venid vosotros aparte a un lugar desierto, y descansad un poco. Porque eran muchos los que iban y venían, de manera que ni aun tenían tiempo para comer. Y se fueron solos en una barca a un lugar desierto" (Mr. 6:31-32). ¿Suena esto a tu día típico en el que estás tan ocupado que rara vez tienes tiempo para tomarte un respiro? A Jesús le preocupaba bastante que sus discípulos no tuvieran reposo. ¿Qué sabía Él, que a nosotros parece que nos cuesta aprender? Jesús nunca tenía prisa, ni parecía estar estresado o controlado por las multitudes, y mantenía sus prioridades en orden. Jesús sabía que el descanso y la relajación jugaban un papel importante en la efectividad de sus discípulos, y de ahí su insistencia.

Yo he tenido que arrepentirme en el pasado por la forma en que he maltratado mi propio cuerpo al no tomar descansos regulares a lo largo del día. Incluso alardeaba de poder trabajar ocho a diez horas al día sin tomar ni un respiro. Era una especie de medalla de honor. No sospechaba que estaba estresando mis articulaciones y exigiendo un esfuerzo enorme a mi espalda. Para controlar el estrés, es imperativo tomar breves descansos. Los descansos largos son igualmente críticos. Si se ve aplazado una y otra vez tu sueño de hacer una gran escapada, quizá sea hora de considerar cómo abordar el tema. En vez de hacer una gran escapada, ¿por qué no haces varias mini escapadas? Busca ofertas especiales en los periódicos o en Internet. Darnell y yo nos hemos obligado a hacer una escapada de fin de semana al menos una vez cada tres meses. Además, al hablar de cómo controlar nuestro calendario de actividades, decidimos dejar libre un sábado al mes sin compromisos externos, para hacer lo que fuera. Nos hemos comprometido a dejar libre este día con una nota en nuestros calendarios que nos recuerde: "Reservado". Los tiempos de descanso no se producirán a menos que haya una decisión firme y una planificación meticulosa. Tienes que empezar a dar la misma importancia al tiempo de ocio que le das a cualquier otro compromiso.

Si estás casado, no será el fin del mundo si de vez en cuando haces planes independientemente de tu cónyuge. Mientras escribo estas líneas, me encuentro en unas mini vacaciones de cinco días en Palm Springs, California —sola. Así, en soledad, con tiempo a solas con Dios, y el ritmo pausado, mi mente y espíritu se rejuvenecen. No obstante, también es esencial que los matrimonios hagan salidas juntos para reconectar y avivar la pasión. Es importante que ambos dejen claras sus expectativas de las vacaciones, para que las mismas no se conviertan en una causa de estrés y de expectativas no cumplidas. Tras varios viajes decepcionantes a la nieve, Darnell se dio cuenta por fin que yo no soy el tipo de persona que se lanza en esquís de lo alto de una montaña o que realiza otros deportes de alto riesgo. Ahora acordamos de antemano que él jugará un poco al golf, tendrá un deseo limitado de hacer compras y querrá leer la novela que ha estado guardando para las vacaciones. Sin embargo, puesto que estamos de vacaciones *juntos*, también nos ponemos de acuerdo en qué actividades podemos disfrutar como pareja, como pasear en bicicleta tándem, ver películas y, por supuesto, cenar. Incluso prohibimos ciertos temas de conversación para eliminar al máximo los factores de estrés, que hacen que las escapadas sean algo tan esencial.

Muchas esposas de pastores me han confesado que sus vacaciones no suelen ser muy divertidas (si es que se hacen) porque los pastores están constantemente al teléfono y no logran desconectarse de la congregación. Me pregunto qué diría Jesús al respecto.

Si eres soltero y no quieres ir de vacaciones solo, considera llevar contigo a un amigo muy divertido. Sin duda resultará menos caro; pero no permitas que el coste sea el factor determinante.

Recuerda que una escapada debería aliviarte el estrés. Es un tiempo de descanso y relajación para tu salud física y mental, así que aprovéchalo al máximo.

LA ORACIÓN PARA HOY

Padre, ayúdame a hacer que el descanso sea una prioridad en mi vida y a dejar de maltratar mi cuerpo, este templo que Tú me has dado para llevar a cabo mi propósito aquí en la tierra.

Día 18

Reconoce tus errores y deficiencias

Confesaos vuestras ofensas unos a otros,
y orad unos por otros, para que seáis sanados.

<small>Santiago</small> 5:16

—Lo siento, me equivoqué.

—¡Es error mío!

—No lo sé.

Son palabras que a algunas personas les cuesta decir. Justo el otro día, hablaba con un hombre que culpaba a su ex novia por tener a su hijo fuera del matrimonio y por no obligarle a tener una relación con su hijo durante los últimos 25 años.

—Ella debió haberme presionado más —dijo—. Hubiera reconocido y aceptado a mi hijo como parte de mi vida. Pero ahora ya ha pasado mucho tiempo. Además, no le puse mi apellido.

—¿Es esa una excusa para no tener una relación con él ahora? —le pregunté yo.

No importa donde vayas, parece que siempre hay alguien que está presentando excusas por sus malas decisiones, mal desempeño, comportamiento incorrecto o por no reconocer una deficiencia o debilidad.

Es difícil y estresante mantener una presencia intachable. Tarde o temprano, todos cometemos errores, juzgamos mal una situación o de alguna forma u otra nos equivocamos. Es inherente al ser humano. Aunque parezca extraño, una de las mejores formas de aprender es a base de cometer errores. No obstante, por temor de ser mal vistos o perder prestigio, con frecuencia intentamos ocultar nuestros errores, lo cual abre la puerta de par en par para el estrés. Por otro lado, reconocer un error es una forma segura de eliminar el estrés. Es de gran alivio personal y de gran inspiración a otros cuando encuentras el valor y la confianza para reconocer tus errores sin permitir que te definan.

Un error sólo se convierte en una verdadera tragedia si no aprendes nada de él. Negarse a reconocer un error cierra la puerta al crecimiento. Escucha lo que dice el Señor cuando advierte a los israelitas a que aprendan de sus errores: "Así ha dicho Jehová: El que cae, ¿no se levanta? El que se desvía, ¿no vuelve al camino?" (Jer. 8:4).

Al igual que Adán en el Huerto del Edén, cuando intentó echarle la culpa a Eva por haber comido del fruto prohibido, muchas personas hacen todo lo posible por evitar aceptar su propia responsabilidad. Las circunstancias y otras personas pueden haber influido en nuestras decisiones; pero, a fin de cuentas, somos responsables por lo que hacemos. Cuando nos equivocamos, nuestra acción es decisión nuestra. Aarón hizo el becerro de oro en el desierto porque el pueblo se inquietaba por la ausencia de Moisés. Pero cuando regresó, Moisés le acusó a él, no al pueblo. "Y dijo Moisés a Aarón: ¿Qué te ha hecho este pueblo, que has traído sobre él tan gran pecado?" (Éx. 32:21). Como es de esperar, Aarón se lanzó a una larga explicación de lo malo que era el pueblo, de cómo él simplemente recolectó sus joyas de oro, lo tiró todo al fuego y apareció un becerro. Cabe notar que pasó de justificar su error a decir una mentira descarada. Mentir añade un estrés adicional a la justificación de un error.

La mejor estrategia para afrontar tus errores es aceptar la total responsabilidad por ellos, determinar cómo no repetirlos y seguir adelante. Aunque suena simple, no es fácil. Puede preocuparte que los que te critican te vayan a juzgar con dureza, pero te aseguro que si sigues este patrón de tratar con los errores, se hará más y más fácil y servirá de inspiración a otros para imitar tu comportamiento. ¿Qué consigues cuando luchas por permanecer en este "Pedestal del sin culpa"? Absolutamente nada, excepto más estrés. Cuando me pongo a la defensiva sin justificación, siento esa descarga de adrenalina que me da la energía necesaria para luchar en defensa de mi postura y evitar aceptar mi propia responsabilidad. En contraste, siento la paz de Dios cuando reconozco un error. Me relaja y me libera la mente para poder centrarme en el siguiente paso para tratar el problema.

Aparte de generar estrés, hay otro aspecto negativo de intentar estar siempre sin culpa. Cuando niegas tus errores y deficiencias, es probable que la gente diga que eres arrogante y orgulloso. La ironía es que los demás se relacionan mejor contigo y dirán que eres humilde cuando admites tus debilidades. La humildad es uno de los rasgos que más admira la gente en los demás; todo el mundo —orgullosos incluidos— detestan el orgullo.

Uno de los mejores ejemplos bíblicos de admitir un error se encuentra en el relato de David al ser perseguido injustamente por Saúl. David se convirtió en fugitivo, y sin saberlo puso en peligro la vida de ciertos sacerdotes cuando solicitó su ayuda. El sacerdote Ahimelec le dio comida y una espada y consultó a Dios por él. Doeg, el principal de los pastores de Saúl, fue testigo de todo lo ocurrido y lo delató. Saúl se enfrentó con Ahimelec, le acusó de conspirar con David y ordenó a Doeg matar a él y a otros 85 sacerdotes junto con sus familias. "Pero uno de los hijos de Ahimelec hijo de Ahitob, que se llamaba Abiatar, escapó, y huyó tras David. Y Abiatar dio aviso a David de cómo Saúl había dado muerte a los sacerdotes de Jehová. Y dijo David a Abiatar: Yo sabía que estando allí aquel día Doeg el edomita, él lo había de hacer saber a Saúl. Yo he ocasionado la muerte a todas las personas de la casa de tu padre" (1 S. 22:20-22). ¡Menudo reconocimiento de culpa! ¡No da excusas! Simplemente un reconocimiento de haber cometido un error al buscar su ayuda. Su siguiente declaración muestra su compromiso por no repetir el error con el único superviviente: "Quédate conmigo, no temas; quien buscare mi vida, buscará también la tuya; pues conmigo estarás a salvo" (1 S. 22:23).

Los humanos cometemos errores. Tenemos puntos ciegos. Pero Dios está presente para sostenernos en todas nuestras debilidades. Tendremos paz cuando empecemos a confesar nuestros errores los unos a los otros.

LA ORACIÓN PARA HOY

Padre, dame la fuerza para hacerme humilde, reconocer mis errores y aprender de ellos.

Día 19

Pide lo que quieres

No tenéis lo que deseáis, porque no pedís.

Santiago 4:2

Algunas personas saben lo que quieren y tienen el valor de pedirlo. Otros saben lo que no quieren y han desarrollado la habilidad de expresarlo de una forma que no genera hostilidad. Ambos grupos han aprendido que expresar sus deseos es una de las estrategias clave para controlar el estrés.

Cuando Daniel, el cautivo hebreo, se vio forzado por sus captores babilonios a comer alimentos prohibidos por Dios, no se estresó por lo que debía hacer. "Daniel propuso en su corazón no contaminarse con la porción de la comida del rey, ni con el vino que él bebía; pidió, por tanto, al jefe de los eunucos que no se le obligase a contaminarse" (Dn. 1:8). Le otorgaron su deseo, y tanto a él como a sus tres amigos se les permitió comer una dieta vegetariana, con impresionantes resultados físicos e intelectuales.

Hace poco fui al distrito de Los Ángeles de tiendas de

grandes descuentos para hacer unas compras rápidas. Al
llegar, tuve el disgusto de descubrir que me había olvi-
dado la cartera, donde tenía mi licencia de conducir, mi
libro de cheques y mis tarjetas de crédito. Solo llevaba
encima un monedero y mi teléfono celular, con una
lista de contactos. En esta lista había incorporado información codificada para la tarjeta de crédito que más
utilizo. Sabía que las posibilidades eran muy remotas
de que un comerciante me permitiera hacer compras en
base solo al número de la tarjeta y la fecha de caducidad,
sin ningún tipo de identificación y sin la tarjeta física.
Los Ángeles estaba en medio de una ola de calor que
batía todos los récords, y me urgía comprar un conjunto
fresco pero profesional para una reunión que comenza-
ría en unas pocas horas. No obstante, no quería el estrés
de volver a casa en busca de la cartera y luego volver al
centro con todo el tráfico. Pedí a un comerciante que
se fiara de mí. Cedió, anotó mis datos de crédito y me
permitió comprar el conjunto. Me dirigí al siguiente comerciante, armada con un justificante de compra como
evidencia de que otro comerciante se había fiado de mí.
También me permitió realizar la compra. Ese día hice
un total de cuatro transacciones, incluyendo una con
efectivo. Dios me dio gracia, y pude convencer al tercer
comerciante (en una tienda donde compraba regular-
mente) que cobrase mi tarjeta por una cantidad adicional y me diese el efectivo para poder realizar la cuarta
compra. Vale la pena preguntar.

Incluso en los asuntos más serios de la vida, si no pones en práctica el pedir lo que quieres, irás por la vida frustrado y resentido, esperando que los demás sepan discernir tus necesidades, preferencias o deseos sin que los hayas articulado. Algunas personas permiten a diario que otras personas traspasen sus barreras, y sufren en silencio en vez de pedirle a la persona que ocasiona el estrés que cambie su comportamiento.

Pedir lo que quieres es quizá más difícil en un entorno laboral. Nunca creas que tu bienestar es de interés primordial para tu jefe. Y ello no necesariamente indica que sea una mala persona. Está muy ocupado con sus propios asuntos. Si eres un empleado asalariado y has trabajado muchas horas extras no remuneradas, pide una bonificación especial para una parte de lo que le hubiera costado a la empresa si te hubiesen pagado las horas. Presenta un análisis bien pensado o pide días libres por el tiempo que has trabajado. Mejor aún, pide más personal para ayudarte a realizar el trabajo. Ora y cuenta con la aprobación de Dios antes de presentar tu solicitud. Si no se otorga, considera qué te dice esto sobre la empresa. Por supuesto que si tu empresa está atravesando una crisis económica, deberías ser comprensivo y restringirte a pedir sólo días libres. Sobre todo, no adoptes una actitud negativa. Sigue ejerciendo tu trabajo de forma excelente y comienza a pensar en un "Plan B" para tu carrera. A veces las decisiones de la gerencia sirven para motivarnos a dar un paso adelante en el plan soberano de Dios para nuestras vidas.

Expresa tus límites o preferencias de forma calmada

y no hostil. Resiste la tentación cobarde de dar pistas o expresarte de forma indirecta tanto en el trabajo como en casa. Si eres un gerente y tienes supervisores a tu cargo expresa lo que quieres y lo que no quieres de forma clara. Frases como "Me gustaría...", "¿Podrías...?" o "Necesito que hagas..." pueden ser muy efectivas para comunicar tus deseos sin transmitir hostilidad o exigencia. Sobre todo, este enfoque te librará del estrés de preguntarte, "¿Cuándo se dará cuenta?"

Uno de los atributos más singulares que Dios nos ha dado como humanos es la habilidad de comunicarnos. No tenemos que estresarnos esperando o deseando que la gente nos lea la mente cuando podemos simplemente pedir lo que queremos.

LA ORACIÓN PARA HOY

Padre, ayúdame a saber que, gracias a tu control sobre todas mis relaciones, puedo expresar mis necesidades y deseos a los demás sin temor, y confiar en ti para el resultado.

Día 20

Limita el contacto con personas estresantes

Si es posible, en cuanto dependa de vosotros,
estad en paz con todos los hombres.

ROMANOS 12:18

A veces es simplemente imposible vivir en paz con determinadas personas. Consciente de esta realidad, el apóstol Pablo en esencia dijo: "Haz todo lo posible para intentar conseguirlo".

En mis interacciones diarias, he descubierto que lo mejor es evaluar cada relación y determinar en un espíritu de oración hasta qué punto debo invertir en ella. A excepción de mi esposo, todas las demás relaciones están sujetas a evaluación. Incluso con él, debo expresar mis irritaciones y preferencias o estar dispuesta a pagar el precio físico y emocional de ocultar la ira no resuelta. Cuando tengo un pariente cercano que insiste en discutir siempre o tener una actitud negativa, me niego a estar en una situación de interacción regular con esa persona. ¡Los días festivos en los que se reúne toda la familia son más que suficientes! Lo mismo se aplica a los amigos. Los que se dedican a chismorrear, criticar a otros, competir conmigo o propinar insultos no me encontrarán disponible, a menos que el Señor me guíe a pasar más tiempo con ellos para compartir su Palabra.

También intento minimizar mi contacto con personas que son distraídos constantemente por sus teléfonos celulares u otras interrupciones. Me quitan mucho tiempo.

Debemos tener cuidado de no convertirnos en un factor de estrés para otra persona. Se dice que la gente que vive en casas de cristal no debería tirar piedras, así que lo digo con pies de plomo. Confieso que de vez en cuando estreso a mis proveedores de servicios porque ocasionalmente necesito que se termine algo el mismo día, o de inmediato. Me he fijado que uno de ellos ha reaccionado imponiéndome un "cargo de urgencia" no especificado.

Incluso los hábitos irritantes de una persona pueden provocar estrés en otros. Tengo un hermano estupendo que trabajó más de 30 años para una reconocida empresa de entrega de paquetes. La cuota diaria de entregas estipulada por la empresa para cada conductor no permitía pérdidas de tiempo. Se dirigía a la puerta de cada dirección de envío literalmente corriendo. Aquel ritmo de trabajo le pasó factura en su salud y sus hábitos. Hasta el día de hoy mira el reloj cada pocos minutos, lo cual a todos nos provoca estrés, y le hemos pedido que cambie su hábito.

Otro hábito que me estresa es el de la gente que hace ruidos con los labios mientras come. Ya llevo años rogándole al Señor que me libre de la irritación que me provoca. Pero sigo esperando con fe. En consecuencia, intento evitar comer con personas que hacen estos ruidos, porque me siento obligada a reaccionar ante este comportamiento socialmente inaceptable. Con mucho gusto saldré con ellos a dar un paseo, pero comer juntos, de ninguna manera.

No se nos ordena dedicar tiempo o relacionarnos con personas que interrumpen nuestra paz. La Biblia está repleta de advertencias con respecto a evitar a las personas que ponen en peligro nuestra tranquilidad. Por ejemplo, el rey Salomón dijo: "No te entremetas con el iracundo, ni te acompañes con el hombre de enojos" (Pr. 22:24). El apóstol Pablo advirtió: "Os ruego, hermanos, que os fijéis en los que causan divisiones y ... que os apartéis de ellos" (Ro. 16:17).

La próxima vez que te encuentres con una persona que produce estrés, hazte las siguientes preguntas: ¿Me ayudará esta situación a ser más paciente si la soporto en vez de huir? ¿Por qué me estresa el comportamiento de esta persona? ¿Acaso será un espejo mi comportamiento? ¿Por qué decido seguir relacionándome con ella?

LA ORACIÓN PARA HOY

Padre, necesito tu guía para discernir cuándo y cómo relacionarme
con personas que producen estrés
para que tu amor siempre brille a
través de mí.

Día 21

Crea un ambiente tranquilo

*La paz os dejo, mi paz os doy; yo no os
la doy como el mundo la da. No se turbe
vuestro corazón, ni tenga miedo.*

Juan 14:27

¿Has tenido ocasión de estar con alguien que emana paz no importa la situación en su entorno o en su vida? Una ex compañera de trabajo, a la que llamaré Susana, sufrió maltrato doméstico a manos de su esposo alcohólico durante más de 25 años antes de abandonarle. Durante este tiempo, perdió dos de sus cinco hijos en muertes violentas, superó un cáncer de mama y sufrió una multitud de problemas durísimos. Cuando la conocí, me impresionó el hecho de que nada parecía turbarla. Susana jamás se quejaba de problemas pequeños, como la fotocopiadora averiada, el frío que hacía en la oficina o incluso su carga de trabajo como gerente de oficina. Era la personificación misma de la paz, y era evidente que no iba a permitir que nadie se la quitara. Establecía el tono del ambiente a su alrededor sin importar dónde estuviera.

¿Y qué hay de ti? ¿Cuánta paz muestras tener? Empecemos con tu vida laboral. ¿Cómo reaccionas ante los retos del día a día en tu lugar de trabajo? ¿Estás siempre nervioso o quejándote? ¿Qué apariencia tiene tu área de trabajo? ¿Está pulcro y ordenado o tienes montañas de papeles por todos sitios? Yo no creo estar obsesionada con la limpieza, pero encuentro que tengo más tranquilidad cuando no estoy rodeada de objetos fuera de su sitio. El desorden puede ser una distracción mental y generar estrés. Si tu oficina está desordenada o trabajas en la misma zona con personas desordenadas, quizá necesites trabajar en una sala de conferencias u otra zona si tienes un proyecto urgente. De no ser posible, intenta recoger los papeles con una goma y ponerlos fuera de vista mientras trabajas con un proyecto a la vez. Procura tener las mesas de cristal sin manchas. Las plantas deben estar bien podadas y libres de hojas amarillentas o muertas. Ver desorden puede socavar tu tranquilidad de forma subconsciente.

¿Y qué de tu comportamiento en general? ¿Estás siempre enfadado por los errores de los "tontos" o "imbéciles"? ¿Has aprendido a no alterarte por tonterías? ¿Te has parado a pensar que das un mal testimonio cuando en tu vida no reflejas paz, un fruto del Espíritu? "Mas el fruto del Espíritu es amor, gozo, *paz*, paciencia, benignidad, bondad, fe, mansedumbre, templanza; contra tales cosas no hay ley" (Gá. 5:22-23).

¿Qué sucede con tu viaje cada día al trabajo? ¿Entras en tu auto decidido a mantener un ambiente tranquilo sin importar qué situaciones encuentres en el camino? ¿Cuándo fue la última vez que oraste por un conductor malo o desconsiderado a quien realmente deseabas darle un viaje anticipado a su destino eterno? ¿Has considerado que quizá tú seas el único intercesor que esa persona tendrá hoy? ¿Creas un ambiente de orden en el interior de tu auto, manteniendo los asientos y las alfombrillas libres de objetos? ¿Escuchas música relajante? La música apropiada puede ser una importante fuente de paz en cualquier entorno. Cuando el rey Saúl se vio atormentado por un espíritu maligno, sus siervos le dijeron: "Diga, pues, nuestro señor a tus siervos que están delante de ti, que busquen a alguno que sepa tocar el arpa, para que cuando esté sobre ti el espíritu malo de parte de Dios, él toque con su mano, y tengas alivio" (1 S. 16:16).

Con respecto a tu entorno doméstico, voy a suponer que independientemente de lo que ocurra fuera, tu hogar es tu refugio y defiendes su paz con todas tus fuerzas. Llenas su ambiente a diario de oración, comunicas efectivamente, no actúas de forma egoísta ni insistes en lo que tú quieres, y junto con tu familia permites que "la paz de Dios gobierne en vuestros corazones" (Col. 3:15).

Si de hecho eres todo un modelo de paz, felicidades por permitir que el Espíritu Santo lleve a cabo su labor. Sigue en el mismo camino. Continúa brillando para que otros te vean y anhelen una relación con nuestro Señor.

LA ORACIÓN PARA HOY

Amado Señor, tú me has dado tu paz, y ahora ayúdame a saber que está conmigo dondequiera que yo vaya sin importar mi entorno o circunstancias.

Día 22

Libera tu tensión

Estad quietos, y conoced que yo soy Dios.

SALMO 46:10

Además de caminar, correr u otras actividades físicas, debemos encontrar maneras de liberar la tensión que acumulamos cuando experimentamos estrés transitorio. A continuación ofrezco varias estrategias que encuentro muy efectivas.

Respira profundo. No sé si te ocurre lo mismo, pero a veces cuando estoy trabajando a toda velocidad o pasa algo que amenaza con estresarme, noto que mi respiración se vuelve superficial. Otras veces parece que literalmente me olvido de respirar. Respirar profundamente puede ser la solución ideal para eliminar la tensión que puedas estar sufriendo. Te relaja porque desacelera tu ritmo cardiaco y circula oxígeno adicional a diversas partes del cuerpo. No estoy segura de cuándo lo aprendí, pero hace años que lo hago. He aquí unas recomendaciones sobre cómo aprovechar esta técnica al máximo. Inhala de forma bastante ruidosa y lenta por la nariz (con la boca cerrada) mientras cuentas hasta 10. Hincha la zona del diafragma como si fuera un globo. Escucha sólo tu propia respiración; debería sonar como el mar. Exhala lentamente por la boca, produciendo un sonido de siseo con los dientes apretados. Vuelve a escuchar sólo tu propia respiración y toma 10 segundos para exhalar. Repite el ejercicio de cinco a diez veces al día, según la cantidad de estrés que sientas. Por razones obvias, el ejercicio se debe realizar en privado, pero si ves que necesitas hacerlo inmediatamente, hazlo sin todos los efectos sonoros, en silencio pero de forma profunda. También es un buen ejercicio para cuando te vas a dormir. Cuando lo haces con los efectos sonoros puede ser un método efectivo para desacelerar una mente hiperactiva.

Apreta una pelota u objeto antiestrés. Vienen en diferentes formas. Tengo uno en forma de teléfono celular, otro en forma de una mini calculadora y otro en forma de pelota de tenis. Para aliviar la tensión, basta con apretar lo más fuerte que puedas. Se pueden encontrar en tiendas de materiales de oficina.

Sopla un silbato. Estuve en una fiesta hace poco y, como parte de la celebración, los invitados recibieron una trompeta de papel que debíamos hacer sonar en ciertos momentos del programa. Dejé mi trompetita en el auto y me olvidé completamente de ella. Poco después, estaba detrás del volante y me irrité tanto con los conductores imprudentes y pésimos que saqué la trompeta del compartimiento de la puerta y la hice sonar con todas mis fuerzas. ¡Qué alivio! Por supuesto que las ventanas estaban subidas y nadie me oyó. Cualquier silbato puede funcionar en estos casos, así que quizá quieras tener uno a mano.

Canta. Cuando Pablo y Silas fueron encarcelados por predicar el evangelio, decidieron cantar. "Pero a medianoche, orando Pablo y Silas, cantaban himnos a Dios; y los presos los oían" (Hch. 16:25). He descubierto que una canción de alabanza me lleva a la misma presencia de Dios e inunda mi alma de paz.

Date un masaje. Aprende tú mismo a masajear las zonas tensas del cuerpo. Si no te resulta fácil llegar a tus hombros y nuca, coloca una pelota de béisbol dentro de una media larga, y apóyate contra ella en la pared mientras sujetas la punta de la media en tu mano. Puedes controlar la intensidad de la presión por cuán fuerte presionas contra la pared. Esto también funciona muy bien en la parte baja de la espalda.

Estas son solo algunas de las estrategias positivas que puedes implementar en vez de tamborilear con los dedos, quejarte y perder el tiempo con otros hábitos irritantes.

LA ORACIÓN PARA HOY

Señor, enséñame a liberar la tensión en mi cuerpo de una manera que no te deshonre.

Día 23

Ríe

El corazón alegre constituye buen remedio.

<small>PROVERBIOS 17:22</small>

Me encanta reír. Hasta donde recuerdo, el humor ha sido para mí un elemento clave para aliviar el estrés. De hecho, muchas personas me han dicho que daban por sentado que yo vivía sin problemas, porque siempre me veían tan feliz. No se daban cuenta que con solo pensar un poco, podría ponerme a llorar cada día por algo. En lugar de centrarme en lo negativo, he tomado una decisión deliberada de tener un corazón alegre.

"Por tanto, alabé yo la alegría; que no tiene el hombre bien debajo del sol, sino que coma y beba y se alegre; y que esto le quede de su trabajo los días de su vida que Dios le concede debajo del sol" (Ec. 8:15). Deberíamos tomar en serio estas palabras del rey Salomón.

El impacto de la risa sobre el estrés está bien documentado. Los estudios demuestran que la risa hace disminuir la presión sanguínea y reduce la hipertensión. Reduce las hormonas del estrés y limpia los pulmones y los tejidos del cuerpo del aire viejo acumulado, ya que cuando reímos, el cuerpo exhala más aire del que inhala. Además, incrementa las funciones inmunes del cuerpo. Aparte de todos estos beneficios, la risa activa la liberación de endorfinas, esas sustancias del cerebro que nos hacen sentir alegría y euforia. Es la misma sustancia química que se libera cuando un deportista corre prolongadamente y siente ese "subidón" del atleta.

Ser feliz es una decisión personal. Nadie puede forzar a otra persona a ser alegre con simplemente decírselo. Cuando los israelitas, debido a su desobediencia, fueron llevados cautivos por los babilonios, perdieron todo deseo de tocar sus instrumentos musicales. "Sobre los sauces en medio de ella colgamos nuestras arpas. Y los que nos habían llevado cautivos nos pedían que cantásemos, y los que nos habían desolado nos pedían alegría, diciendo: cantadnos algunos de los cánticos de Sion" (Sal. 137:2-3). Tu capacidad de reírte y de estar alegre muchas veces es un buen indicador de dónde estás en tu relación con Dios. Los israelitas habían perdido su conexión con Dios. "¿Cómo cantaremos cántico de Jehová en tierra de extraños?" (Sal. 137:4). Tu estilo de vida estresante puede llevarte tan lejos de Dios que hasta puedes sentir que estás espiritualmente en una tierra extraña, incapaz de reír y alegrarte de las cosas que antes te hacían feliz.

Estamos rodeados de situaciones cómicas todos los días. Solo tenemos que estar alertas y no ignorarlas. Debemos aprovechar cada oportunidad que tengamos para soltar una buena carcajada. Recuerdo una mañana en que Darnell y yo nos tomamos de la mano para orar, y él comenzó diciendo: "Padre, venimos ante tu grono de tracia..." Me dio tanta risa que no pude concentrarme en la oración. Él rehusó hacer una pausa para permitirme recobrar la compostura; siguió orando y yo seguí riéndome. Le pregunté más tarde por qué no se detuvo y me respondió: "¡No iba a darle una victoria al diablo!" Hasta el día de hoy nos reímos de ese episodio.

Intercambia chistes con tus amigos. Deja que la gente sepa que disfrutas de una buena carcajada. No te dé vergüenza contar tus momentos más embarazosos (que prevalezca el buen gusto en este aspecto). Ríete de tus errores —especialmente en el trabajo. Desecha esa imagen de Superman o Superwoman, y empieza a divertirte. Esto no implica que rebajes tus niveles de calidad; más bien indica que reconoces tu propia humanidad y la de los que te rodean. Así que, a divertirse. Sé comprensivo. Cuando otros imitan tus peculiaridades, presta atención y ríete. Puede ser una experiencia iluminadora para comprender algunas de tus excentricidades.

Debo advertirte que tengas cuidado con burlarte de los demás. No es sabio reírse a expensas de otra persona convirtiéndola en el centro del chiste. Algunas personas son extremadamente sensibles e inseguras, así que tenlo en cuenta y diríjete hacia personas más amigas de la diversión.

No permitas que las presiones de la vida y las circunstancias negativas apaguen tu sentido del humor. La risa refleja emociones positivas y hace que sea mucho más divertido estar contigo. A nadie le gusta un aguafiestas. La risa también sirve para apartar la mente de aquello que te está estresando. Ríe a menudo, "porque el gozo de Jehová es vuestra fuerza" (Neh. 8:10).

LA ORACIÓN PARA HOY

Padre, tu gozo es mi fuerza, y por ello te pido que me ayudes a disfrutar del humor y la risa a lo largo del día.

Día 24

Disminuye tu ritmo de vida

Porque no saldréis apresurados, ni iréis huyendo; porque Jehová irá delante de vosotros, y os congregará el Dios de Israel.

Isaías 52:12

Dios estaba a punto de orquestar la liberación de los israelitas, los cuales se encontraban una vez más esclavos de un pueblo enemigo. Les advirtió que no se estresaran por su liberación saliendo apresurados y huyendo por sus vidas. Quería que se tranquilizasen, sabiendo que Él les protegía y les iba a guiar en cada paso del camino, sin caos alguno.

Uno de los males más comunes de nuestro siglo es la obsesión con la prisa. Puedes identificar a los que sufren de esta enfermedad vayas donde vayas. Salen disparados de un carril a otro entre el tráfico a hora punta. Intentan ser los primeros en salir del avión, aunque después tengan que esperar una eternidad hasta que salgan las maletas. Tocan la bocina si no sales como un cohete cuando el semáforo se pone en verde. Hacen tamborilear los dedos sobre la primera superficie que encuentren cuando tienen que esperar. Pulsan el botón del ascensor varias veces para que venga más rápido. Hacen clic-clic con el bolígrafo hasta el punto de volver locos a los que les rodean. Este tipo de persona me recuerda a los picaflores, estos pájaros diminutos que pueden volar hacia delante y detenerse suspendidos en el aire. Sus alas enanas pueden realizar hasta 75 movimientos por segundo. La media de vida del picaflor es de solo tres años. No puedo evitar compararlos con las águilas, que viven una media de 30 años. En vez de tanto aletear, planean. Pueden volar durante horas seguidas, remontando las corrientes de aire. Se han observado estas aves a 3.000 metros de altura. Si dejamos las prisas y empezamos a planear con el viento del Espíritu Santo bajo nuestras alas, como el águila, resistiremos mucho más y subiremos mucho más alto de lo que podíamos haber soñado.

Me di cuenta de cómo mis "prisas constantes" estaban afectando a mi familia, cuando me encontraba un día en otra ciudad y llamé para hablar con mi sobrina de cinco años. Mi hermano la llamó para que se pusiera al teléfono: "¡Date prisa! Es la tía Débora". Lo cierto era que *no* tenía prisa y había apartado el tiempo para hablar con ella todo el tiempo que ella quisiera. No obstante, me había ganado la reputación de programar cada momento del día, y de tener solo un tiempo limitado para cada actividad. La mayoría de personas creía que cuando llamaba, necesitaban aligerar la conversación. Me sentí realmente desconcertada, porque sabía que era una reputación que me había ganado a pulso. No cabe duda de que me costaba tratar con personas que hablaban o se movían despacio. Al tratar con ellos, les intentaba meter prisa hablando o moviéndome deprisa, con la esperanza de que me imitasen. Solía contestar el teléfono en casa y en el trabajo con un "hola" que daba la impresión de que iba de camino para apagar un incendio. La mayoría de los que llamaban comprendían la indirecta y se apresuraban a ir al grano. Mi esposo me dijo que dejara de contestar el teléfono si no disponía del tiempo para hablar; de lo contrario era realmente desalentador. Algunos amigos confirmaron su evaluación.

¿Has considerado la posibilidad de que tu ritmo pueda causar estrés a los demás? Si eres el tipo de persona impaciente que suele moverse más rápido que la mayoría, es muy posible que hagas que los demás se relacionen contigo a una velocidad que no les resulta cómoda. Para ellos, esto significa estrés. Cabe decir, en tu defensa, que es posible que tu trabajo haya jugado un papel en el desarrollo de este comportamiento. Si te encuentras siempre con prisas y has hecho todo lo posible para arreglar la situación, como tener el número adecuado de empleados, delegar de forma eficaz y gestionar bien el tiempo, puede ser el momento de buscar la voluntad de Dios con respecto a un cambio de trabajo. ¿Vale la pena sacrificar tu vida? ¿Acaso no trabajas precisamente para poder disfrutar de cierta calidad de vida?

Date cuenta que cada vez que vas con prisas envías una señal de "estado de emergencia" a tu cuerpo, que responde liberando hormonas del estrés, adrenalina y cortisol, que te ponen en estado de alerta para afrontar el peligro. El cuerpo no sabe distinguir entre el peligro físico, el peligro de perder tu trabajo y otros tipos de presión que entren en juego. Solo sabe que se debe realizar algún tipo de acción y te debe dar la energía para poder entrar en movimiento. Desde luego, si estás en verdadero peligro físico, es algo muy bueno; pero vivir con un cuerpo en alerta máxima constantemente es como luchar un torneo de boxeo de 15 asaltos. Tarde o temprano el cuerpo te pasará factura con alguna condición cardiaca, colesterol alto, úlceras, falta de memoria y muchas otras afecciones.

¿Qué solución hay para las "prisas constantes"? Resulta tan simple como el A B C: Atención, Bendición y Cambio. Tienes que estar *atento* a tu constante ritmo acelerado y qué control ejerces en cada momento de prisa. Hazte la siguiente pregunta: ¿Cómo podría haber evitado esta situación? Acepta la *bendición* que supone creer que el Espíritu Santo tiene el poder de darte la victoria si se lo pides, y lo hará. *Cambia* tu comportamiento. Empieza a tomártelo con más calma de forma deliberada. Habla más despacio. Muévete más lentamente. Pon atención a ese dicho: "De los afanes solo queda el cansancio". El afán produce trabajo duplicado, accidentes y otros peligros que conllevan aún más tiempo perdido. Sobre la verdad de este refrán podría dar un sinfín de ejemplos personales, situaciones que abarcan desde encontrar el teléfono inalámbrico en el refrigerador hasta aplastar con el auto la computadora portátil que creía haber puesto dentro del mismo. Además, solía hablar tan deprisa en mis conversaciones con otros, que siempre me pedían que repitiese lo que había dicho. Me resultaba extremadamente frustrante y reprochaba a mi interlocutor en silencio: *Escucha más rápido, ¡tortuga!* Me apunté a una clase de dicción y oratoria diseñada para este tipo de problema. El instructor me hizo leer un pasaje corto en voz alta y de forma muy pausada para pronunciar cada sílaba de cada palabra. La lectura debía extenderse a un determinado número de minutos. Si acababa demasiado pronto, tenía que repetir el ejercicio. Esto me ayudó muchísimo. Si hablas muy rápido, te será de mucha ayuda practicar este ejercicio en casa. Podrías empezar leyendo una página de texto a tu velocidad normal. Anota cuánto tiempo has necesitado. Después intenta tardar el doble en leer el mismo texto. A mí me ayudó grabar mi sesión con una pequeña grabadora. No obstante, a menudo vuelvo a mi costumbre de hablar rápido siempre que me entusiasmo. Cuando tengo que hablar en público, normalmente designo a alguien para que me avise si me acelero demasiado.

La decisión de disminuir tu ritmo sin duda mejorará tu calidad de vida. No lo intentes solo. Dios quiere ayudarte. "Estad quietos, y conoced que yo soy Dios" (Sal. 46:10).

La oración para hoy

Señor, ayúdame a funcionar a un ritmo que me permita disfrutar y saborear cada momento del día que tú me has dado.

Día 25

Refuerza tu grupo de apoyo

En todo tiempo ama el amigo, y es como
un hermano en tiempo de angustia.

PROVERBIOS 17:17

Ningún hombre es una isla. Ningún hombre está solo. Así como Dios creó nuestros cuerpos con diferentes sistemas internos que se apoyan mutuamente, sucede lo mismo con nuestras relaciones interpersonales. Todos necesitamos un grupo de apoyo. Muchas veces, cuando el orgullo de una persona trabaja horas extras, o cuando ha sufrido lo que considera un daño imperdonable por parte de sus amigos, familiares o hermanos en la fe, intentará prescindir de la raza humana por entero y solucionar sus problemas por sí solo. Hasta puede declarar: "De ahora en adelante seremos Dios y yo". ¡Craso error! Nadie debe intentar enfrentarse a las presiones de la vida sin ayuda. Creo que el aislamiento es una de las estrategias más efectivas de Satanás. Si no hay nadie a tu alrededor, sus dardos de fuego encuentran presa fácil. "Y si alguno prevaleciere contra uno, dos le resistirán; y cordón de tres dobleces no se rompe pronto" (Ec. 4:12).

Conocí a una joven que tuvo un bebé fuera del matrimonio y además tenía un trabajo muy exigente. Lamentablemente, carecía de un buen grupo de apoyo. No tenía una personalidad cordial y amistosa, rara vez se abría a otros y no había fomentado relaciones en las que otros estuvieran enterados y dispuestos a ayudarle cuando surgieran problemas. Con frecuencia se encontraba en un dilema cuando había que ir a buscar a su hijo a la guardería o cuando requería algún tipo de atención especial en momentos en que ella no podía salir del trabajo. El rey Salomón dijo: "El hombre que tiene amigos ha de mostrarse amigo" (Pr. 18:24).

Conozco de primera mano el valor y la ventaja de tener apoyo cuando uno está en una situación de estrés. Por si fuera poco tener un marido muy atento, vengo de una familia grande y todos están siempre prestos a ayudarme. Es genial saber que tienes a alguien que, más allá de escuchar tus problemas, de verdad se preocupa por el resultado. Estudio tras estudio ha demostrado que las personas que tienen un apoyo cariñoso viven más tiempo, se recuperan más rápido de las enfermedades y le encuentran más significado a la vida. El apoyo nos da un sentido de conexión y aceptación, dos necesidades humanas fundamentales. El apoyo proporciona un terreno en el que puedes ser vulnerable, un lugar donde puedes sentirte seguro al decir: "No sé", "¿Puedes ayudarme?" y "Necesito un abrazo". Esta es la forma de mostrar apoyo a la manera de Dios.

En un mundo ideal, nuestro principal apoyo provendría de nuestra familia. No obstante, si ésta no es tu situación, no desesperes y no te quedes atrapado en el deseo de que tu situación sea otra. Dios ha provisto para tus necesidades a través de la comunión los grupos en la iglesia, personas con el mismo interés deportivo o profesional, compañeros de trabajo y otros grupos. Eres tú el que debe dar el primer paso en abrirse a otros y establecer relaciones significativas.

Al procurar fortalecer tu grupo de apoyo, recuerda que el apoyo debe ser mutuo. "Sobrellevad los unos las cargas de los otros, y cumplid así la ley de Cristo" (Gá. 6:12). Lo que perjudica más a una relación de apoyo es que sea unilateral. No permitas que tus propios problemas te absorban tanto que te olvides que tus amigos también afrontan las presiones de la vida. Interésate por sus inquietudes y escucha atentamente lo que tienen que decir. A nadie le gusta la persona que solo recibe. Tenía una amiga que no era capaz de escuchar mis problemas por más de unos minutos, y siempre interrumpía para desviar la conversación a un recuento interminable de los suyos. Le indiqué varias veces que tenía esta tendencia, pero nunca supo cambiar. Era realmente frustrante. Finalmente decidí estar "demasiada ocupada" para mantener la relación.

Por último, no te olvides de expresar de forma tangible tu agradecimiento a los que te apoyan. Las tarjetas y los regalitos en momentos especiales ayudan mucho para comunicar: "Reconozco y aprecio tu ayuda". No permitas que tu grupo de apoyo se desmorone por falta de cuidado por tu parte. Dios no quiere que camines por las rutas peligrosas del aislamiento.

LA ORACIÓN PARA HOY

Señor, gracias por las personas que has traído a mi vida para apoyarme y por aquellos a los que tú has determinado que ayude en sus momentos de necesidad.

Día 26

Pon fin al lenguaje del estrés

Te has enlazado con las palabras de tu boca,
y has quedado preso en los dichos de tus labios.

PROVERBIOS 6:2

¿Te has dado cuenta cuántas veces tu vocabulario o las frases que empleas para describir actividades normales (que no necesariamente deben realizarse con toda prisa) te predisponen a sentir estrés? En este capítulo quiero que aprendas a reconocer este lenguaje del estrés. Espero que encuentres formas alternativas de describir tus acciones para que no caigas en la trampa del estrés por las palabras de tu boca. Considera los ejemplos a continuación:

Conlleva estrés:	*"Tengo que correr a la tienda".*
Alternativa:	*"Voy a la tienda".*
Conlleva estrés:	*"Comamos algo rápido".*
Alternativa:	*"Almorcemos".*
Conlleva estrés:	*"Me daré una ducha rápida".*
Alternativa:	*"Me voy a duchar".*

Conlleva estrés:	*"Voy a tirar la ropa en la secadora".*
Alternativa:	*"Voy a meter la ropa en la secadora".*
Conlleva estrés:	*"Me escaparé un momento para llevar a Juanita a la fiesta".*
Alternativa.	*"Llevaré a Juanita a la fiesta".*
Conlleva estrés:	*"Vuelvo en un segundo".*
Alternativa:	*"Volveré pronto".*
Conlleva estrés:	*"Me daré prisa para llegar justo antes de que empiece el partido".*
Alternativa:	*"Llegaré antes de que empiece el partido".*
Conlleva estrés:	*"Haré una lectura rápida de esta parte del informe".*
Alternativa:	*"Repasaré esta parte del informe".*

Todas estas frases orientadas hacia el estrés implican un sentido de urgencia que envía un mensaje a tu cuerpo para que libere más adrenalina.

Aunque no seamos nosotros quienes utilicemos este tipo de vocabulario "urgente", los medios de comunicación nos invaden con mensajes cargados de lenguaje estresante. Un popular anuncio de televisión anima a los oyentes: "¡No caminen... corran a nuestras rebajas!"

Puede que las frases de estrés que sueles utilizar sean diferentes a las que he mencionado anteriormente. En tu esfuerzo por no estresarte tanto, ¿por qué no te fijas en la terminología que utilizas para describir tus actividades? Date cuenta en el momento que lo dices, y empieza a reprogramar tu vocabulario.

Además, te animo a que dejes de utilizar la palabra "estrés" o "estresado" para describir tu situación. Puesto que el estrés afecta tanto al cerebro como al cuerpo, ¿qué necesidad hay de poner en alerta a ambos? Si estás atravesando un momento de mucha tensión, en vez de decir "estoy estresado" intenta decir "estoy en medio de varios proyectos y asuntos personales ahora mismo. Sé que el Espíritu Santo me va a ayudar a superar la situación".

Recientemente me vi obligada a completar 80 horas de educación continua profesional en un plazo de dos semanas, y al mismo tiempo me enfrentaba a una fecha límite para entregar un libro al editor. En vez de centrarme en el estrés que seguro me ocasionaría esta situación, empecé a buscar soluciones rápidas. Encontré algunos cursos de estudio por cuenta propia y completé la asignatura de educación continua en una semana. Además, pedí una prórroga de 30 días a la editorial, y me la otorgaron.

Si afrontas fechas límites y otras presiones, céntrate en buscar posibles soluciones. Y sobre todo, pídele a Dios que te ayude. "Reconócelo en todos tus caminos, y él enderezará tus veredas" (Pr. 3:6).

LA ORACIÓN PARA HOY

Señor, te ruego que me ayudes a ser consciente de los momentos en que mis palabras me programan para el estrés.

Día 27

Asimila las decepciones

Muchos pensamientos hay en el corazón del
hombre; mas el consejo de Jehová permanecerá.

PROVERBIOS 19:21

Era mi último año en la universidad, y me comprometí con un joven a quien llamaré Tom. Yo soñaba que juntos escalaríamos la escalera corporativa y viviríamos felices y comeríamos perdices. Él tenía una carrera prometedora en una compañía *Fortune 500*, era guapo y además cristiano. No obstante, al igual que Naamán el leproso en 2 Reyes 5, tenía un proverbial defecto: era extremadamente celoso. Ni siquiera quería que mi propia madre me comprara un regalo. Al principio esta devoción total a mi persona me resultaba maravillosa. Pero empecé a ver que debido a su inseguridad lo estaba llevando hasta el extremo. Los eventos llegaron a un punto crítico cuando visité a mi madre en Los Ángeles durante mi último verano en la universidad. En el transcurso de mi visita, también fui a visitar a su tío, quien resultó ser muy galanteador, una especie de Don Juan. Cuando me hizo insinuaciones, yo lo rechacé. Para vengarse, llamó a mi novio y me acusó de tener una aventura amorosa con otro. Tom se lo creyó todo, típico de una persona insegura, y se enfadó tanto que puso fin a nuestro compromiso. Mi mundo se estaba desmoronando.

Justo después de mi graduación, me trasladé a Los Ángeles. Durante casi un año, estuve orando para que Tom y yo nos reconciliásemos. Hice todo lo que enseñaban los predicadores sobre la vida de fe. Reclamaba a Tom como esposo y lo volvía a hacer cada día. Dios había dicho que no, pero yo no lo aceptaba. Estaba convencida de que Satanás estaba bloqueando la bendición que me correspondía. Le imploraba a Dios constantemente. "¿No dice tu palabra que me darás los deseos de mi corazón? ¿Sigue vigente la oferta?" ¿Y qué de Marcos 11:24? ¿No dice que pida cualquier cosa y, si creo que la recibiré, me vendrá?" A mi parecer, Dios se había atrincherado y seguía diciendo que no. Por fin acepté el hecho de que la relación no se iba a hacer realidad, y seguí adelante con mi vida. Unos siete años más tarde, conocí a mi esposo, Darnell, uno de los hombres más seguros del planeta. Hasta el día de hoy, le doy gracias a Dios por no contestar mi petición de reconciliación con Tom. ¡Hubiera sido desgraciada! Fue en el transcurso de esta tormenta emocional, y otras desde entonces, que he aprendido la verdad de Romanos 8:28: "Y sabemos que a los que aman a Dios, todas las cosas les ayudan a bien, esto es, a los que conforme a su propósito son llamados".

He visto a muchas mujeres avanzar con ímpetu y firmeza para consolidar una relación en la que Dios había colocado millones de banderas rojas, y ellas buscaron excusas para no hacer caso a ninguna de ellas. Sin duda, la desilusión que empieza a echar raíces después de la boda generará mucho estrés.

He llegado a la conclusión de que las primeras tres letras de la palabra desilusión son un acrónimo de Detención Empezada Supremamente. Puesto que la desilusión es en esencia la muerte de un plan, nuestra mejor respuesta es hacer el duelo y seguir adelante. Ahora bien, no quiero que esto suene simplista, pero intentar actuar fuera de la voluntad de Dios es como intentar excavar un túnel en un muro de ladrillo con un tenedor. En vez de escapar de una prisión, te meterás en una si insistas en obtener lo que deseas. Puede ser debilitante y estresante insistir una y otra vez para que tus planes se cumplan. Cada día procuro no permitirme el lujo de quedarme atascada en la desilusión. "Porque Jehová de los ejércitos lo ha determinado, ¿y quién lo impedirá? Y su mano extendida, ¿quién la hará retroceder?" (Is. 14:27).

¿Realmente quieres perseguir un plan que Dios no ha ordenado? ¿Puedes confiar en Él lo suficiente como para saber que lo que Él tiene preparado es lo mejor para ti? No te estreses por lo que podría haber sido. Si Dios lo hubiese ordenado, habría ocurrido. Si no lo ha ordenado, corre en la dirección opuesta.

Señor, según Jeremías 29:11, tus planes para mí son de bienestar a fin de darme esperanza y un futuro, por lo que te pido que me ayudes a desear solamente lo que tú deseas para mi vida.

Día 28

Cambia tu comportamiento autodestructivo

El avisado ve el mal y se esconde; mas los simples pasan y llevan el daño.

PROVERBIOS 27:12

¿Eres tú tu peor enemigo —el mayor factor de estrés en tu vida? ¿Te comportas de forma que a menudo conduce a incidentes estresantes? A continuación se enumeran varios comportamientos que haríamos bien en eliminar de nuestra rutina diaria:

- Algunas mujeres llevan bolsos enormes que contienen todo lo que les hará falta durante todo el día. Intentar encontrar algo allí —especialmente si tienes prisa— puede ser estresante. Para romper el hábito de poner artículos innecesarios en el bolso, presta atención a cuántas veces durante el día utilizas cada objeto de tu bolso. Si la respuesta es "nunca", lo ideal sería dejarlo en casa. Intenta llevar encima solo lo esencial, como la billetera, el lápiz de labios y las llaves.

- Mientras conduces por la autopista, ¿tienes que buscar desesperadamente el celular para poder contestar una llamada? ¿Por qué no lo pones en un lugar accesible en el momento de subir al auto?

- Cuando sales de compras, ¿vas con el bolso abierto como invitando a que algún ladrón "meta la mano"? Un bolso abierto también permite que se caigan las cosas. Yo vivo en una zona montañosa, y los contenidos del bolso fácilmente salen disparados cuando voy cuesta abajo. Es realmente frustrante, ¿pero a quién puedo culpar por mis hábitos autodestructivos?

- ¿Con cuánta tranquilidad haces tus preparativos de viaje? Yo viajo mucho, y por ello guardo una bolsa de aseo por duplicado en mi maleta, lo cual me ahorra tener que andar en busca de cada artículo a última hora. Anteriormente, me olvidaba de casi todos los artículos que considero "esenciales" en una ocasión u otra. Ahora dispongo de una lista que detalla las cosas que tengo que llevar. Imprimo una copia para cada viaje. La lista está organizada por categorías: negocio, aseo personal, materiales de ejercicio, libros/productos, etc. Gracias a ella, salir de viaje resulta mucho menos estresante.

- ¿Cuántas veces has "perdido" tu auto en un estacionamiento? Ahora cada vez que estaciono, lo primero que hago es tomar nota del lugar exacto. Lo recito varias veces al salir del auto. En cierta ocasión, estuve a punto de hacer una denuncia de robo, pensando que había perdido el auto después de haberlo buscado durante lo que me pareció un par de horas. Por fin lo encontré en una planta del parking donde la mayoría de vehículos ya habían salido. Para mí ya se acabó esa locura de estrés.

- Si estás en esa etapa de la vida en la que empiezas a olvidar las cosas, cuando estás fuera de casa, mira a tu alrededor cuando te levantas para irte, para estar seguro de tener contigo todas tus pertenencias. Perder tus pertenencias de forma continua puede suponer una causa de estrés para ti y para tus compañeros.

- En casa, ten siempre un lugar designado para todas las cosas que necesitas utilizar con frecuencia. Yo tengo una cesta o un recipiente al lado de la puerta para poner las llaves, una estantería para las vitaminas que siempre dejo en un lugar determinado, un armario organizado de tal forma que las prendas que más utilizo estén más a mano, con tal de no tener que buscar en todo el armario para poder vestirme.

- No saques el teléfono inalámbrico de la habitación donde está la base. Puede valer la pena para su tranquilidad tener un teléfono en cada habitación.

- Si usas lentes para leer pero los pierdes constantemente, compra varios pares, uno para cada sitio donde sueles leer. Haz un esfuerzo por dejarlos en sus lugares designados.

- ¿Haces planes realistas para tomar en cuenta el tráfico o los imprevistos? ¿Eres demasiado optimista en tus expectativas de cuánto te tomará realizar una tarea o desplazarte a cierto lugar? La verdad es que realmente podría hacer las cosas según mi planificación optimista… ¡si fuera la única persona en este planeta! Sin embargo, siempre pasan cosas. En vez de lamentarte sobre ciertas realidades, simplemente necesitas tenerlas en cuenta.

Trata de incluir la mayoría de tus actividades diarias dentro de una rutina. La buena planificación y la previsión correcta son claves para minimizar el estrés autoinfligido. En lugar de llenar tu vida de aburrimiento, te permitirán tener más tiempo para planear algo realmente divertido y agradable.

LA ORACIÓN PARA HOY

Padre, por favor, ayúdame a prever y hacer provisión para situaciones que podrían causar estrés.

Día 29

Comprende tu esfera de influencia

*¿Y quién de vosotros podrá con afanarse añadir
a su estatura un codo? Pues si no podéis ni aun
lo que es menos, ¿por qué os afanáis por lo demás?*

Lucas 12:25-26

"¡Vienen los invasores! ¡Vienen los ejércitos!" Esta era la esencia del mensaje que al rey Josafat le llenó el corazón de terror. El mensajero le informó que tres naciones se habían aliado y venían a invadir su territorio. ¡Menuda presión! Su reacción ante esta amenaza inminente nos sirve de ejemplo para lo que podemos hacer ante situaciones que parecen superar nuestras fuerzas. Yo lo he denominado el modelo E.S.T.R.E.S de Josafat. Encontramos la historia en 2 Crónicas 20.

E- Encuentra la guía de Dios: "Entonces él tuvo temor; y Josafat humilló su rostro para consultar a Jehová" (v. 3). Muchos años antes, cuando su padre el rey Asa había enfrentado una amenaza de enemigos formidables, este respondió inmediatamente juntando el oro y la plata del templo y de su palacio, y sobornó a uno de los reyes invasores para que cambiase de bando. Eso resolvió el problema inmediato. Sin embargo, no sin una consecuencia grave. A pesar de que el plan de invasión se anuló, a Dios no le agradó que el rey Asa confiara en otro rey para ayudarle a conquistar a sus enemigos (véase 2 Cr. 16:1-9). Dios pronunció el castigo que sufriría Asa por el resto de su reinado: "de aquí en adelante habrá más guerra contra ti" (2 Cr. 16:9). Tendría que vivir con el estrés de guerra perpetua por no haber buscado antes el consejo de Dios. El rey Josafat no iba a seguir el ejemplo de su padre. Su primera iniciativa fue buscar la guía de Dios.

¿Y qué hay de tu vida? ¿Te estresas intentando encontrar una solución a un problema en vez de determinar cómo le gustaría a Dios que lo manejaras? Piensa en el último dilema que hayas afrontado. ¿Te dejaste llevar por la opinión de tus amigos o tus propias ideas, o buscaste a Dios como primer recurso?

S-Sométete con confianza a lo que te dice que hagas: "Pero ustedes no tendrán que intervenir en esta batalla. Simplemente, quédense quietos en sus puestos, para que vean la salvación que el Señor les dará. ¡Habitantes de Judá y de Jerusalén, no tengan miedo ni se acobarden! Salgan mañana contra ellos, porque yo, el Señor, estaré con ustedes." (v. 17, NVI). La forma que tiene Dios de solucionar nuestros problemas muchas veces puede ir en contra de nuestra lógica. Quizá sea por ello que nos sentimos reacios a acudir a Él para según qué temas. ¿Por qué ordenaría Dios al ejército de Josafat, que evidentemente no podía hacer frente a tres ejércitos, a presentarse listo para el combate si se supone que no iban a intervenir? No tenía lógica alguna. No obstante, muchas veces Dios nos dirá que tomemos posiciones para abordar una tarea difícil o un problema que nos vemos totalmente incapaces de afrontar. Nuestro reto es obedecer y "posicionarnos" para la victoria.

"¿Pero cómo puedo hacer eso?" preguntas. Déjame darte algunos ejemplos:

- Te "posicionas" cuando decides ir a la universidad, aunque en la escuela secundaria tus resultados académicos no fueron los mejores.
- Te "posicionas" cuando dejas tu trabajo, por instancia de Dios, para empezar ese nuevo negocio, aunque no haya una larga lista de clientes activos o potenciales.
- Te "posicionas" cuando te sientas a escribir el libro que siempre has querido escribir, situándote frente a la computadora cada día, no con una mente llena de conocimientos, sino con un corazón lleno de confianza en Dios, de que Él te dará las palabras.

Las instrucciones de Dios son que nos "posicionemos" para tener éxito. Quiere que ocupemos nuestros lugares para que Él pueda mostrarse fuerte a nuestro favor.

T-Ten en cuenta pasadas victorias: "Dios nuestro, ¿no echaste tú los moradores de esta tierra delante de tu pueblo Israel, y la diste a la descendencia de Abraham tu amigo para siempre?" (v. 7). Si Dios ha obrado un milagro para ti o para cualquier otra persona en el pasado, lo puede volver a hacer. Reaviva tu fe al recordar sus grandes obras.

R-Recuerda de exaltar a Dios por encima del problema: "Jehová Dios de nuestros padres, ¿no eres tú Dios en los cielos, y tienes dominio sobre todos los reinos de las naciones? ¿No está en tu mano tal fuerza y poder, que no hay quien te resista?" (v. 6). En su angustia, Josafat hizo estas preguntas retóricas que dejan entrever lo grande que era su Dios en comparación con el problema. A veces es difícil mirar más allá del problema cuando es una realidad tan presente. Es como colocar una moneda sobre cada ojo: te puede cegar completamente a todo lo que tienes delante. Hemos de recordar las palabras de nuestro Padre celestial frente a cada dificultad: "He aquí que yo soy Jehová, Dios de toda carne; ¿habrá algo que sea difícil para mí?" (Jer. 32:27).

E-Exige las oraciones y el apoyo de otros: "Josafat... hizo pregonar ayuno a todo Judá. Y se reunieron los de Judá para pedir socorro a Jehová; y también de todas las ciudades de Judá vinieron a pedir ayuda a Jehová" (vv. 3-4). Aquí tenemos a un líder que no tenía complejo de Llanero Solitario, sino que necesitaba el poder espiritual que viene con el ayuno y la oración colectiva. No dudó en pedir que se hiciera, y nosotros tampoco debemos dudar. Esto no es pedir opiniones, sino la intercesión que conmueve el corazón de Dios.

S-Sitúate firmemente en las promesas de Dios: "Y cuando se levantaron por la mañana, salieron al desierto de Tecoa. Y mientras ellos salían, Josafat, estando en pie, dijo: Oídme, Judá y moradores de Jerusalén. Creed en Jehová vuestro Dios, y estaréis seguros; creed a sus profetas, y seréis prosperados" (v. 20). Nunca puedo decir demasiado acerca del poder guardar la Palabra de Dios en nuestros corazones para tenerla accesible y descansar en ella en momentos de necesidad. Cuando lo hacemos, podemos decir con el salmista: "Aflicción y angustia se han apoderado de mí, mas tus mandamientos fueron mi delicia" (Sal. 119:143).

Finalmente, haríamos bien en reconocer que, al igual que Josafat, todos afrontamos situaciones de diferentes tipos que están fuera de nuestra esfera de influencia o control directo. La verdad es que realmente no controlamos nada, en especial situaciones que implican las acciones de otras personas. El hecho de que Dios pueda habernos usado para orar por alguien, darle consejo o de alguna forma persuadirle a tomar ciertas acciones, no debería llevarnos a la conclusión de que podemos controlarlo. Somos meros instrumentos en las manos de Dios. Solo Dios puede hacer que una persona cambie de opinión. Tengo varias amigas que se quejan sin cesar de cuán hartas están de intentar que sus hijos, maridos u otros familiares irresponsables se empiecen a comportar correctamente. No se han dado cuenta de que los problemas que están en su círculo de preocupación no siempre están en su círculo de influencia directa. Deben apartar el estrés de intentar conseguir lo que solo Dios puede otorgar. Su acción más sabia sería seguir rogando a Dios que cambie a la persona en cuestión o que cambie a ellos mismos.

LA ORACIÓN PARA HOY

Amado Señor, ayúdame a reconocer la diferencia entre mi círculo de preocupación y mi círculo de influencia y a buscar siempre primero tu guía en toda situación estresante.

Día 30

Mantenga una perspectiva positiva

*Tampoco dudó, por incredulidad, de la promesa
de Dios, sino que se fortaleció en fe, dando
gloria a Dios.*

ROMANOS 4:20

Hoy perdí las llaves de mi auto. Fui a un almuerzo
en el centro de Los Ángeles y decidí encontrarme con
mi amiga Yvonne en su oficina e ir con ella. Después
del evento, salí del hotel segura de que llevaba las llaves
en mi bolso. Tan pronto me di cuenta de que las había
perdido, recuerdo haber pensado: *¡Si tan solo hubiese
seguido mi propio consejo!* En el capítulo 28 sugerí que
cada vez que vas a un sitio, es sabio asegurarte de que
cuando salgas de allí lleves contigo todas tus pertenencias. Yo no hice eso. Estaba particularmente preocupada
por las llaves perdidas porque la llave de encendido del
auto era el tipo que tenías que pedir al fabricante a un
precio exorbitante. Resistí la tentación de sucumbir en

una actitud negativa sobre si podría recuperar las llaves o no. Rechacé la imagen mental de tener que escribir el cheque por la llave de recambio. También me recordé a mí misma que Dios era plenamente consciente de que tenía una cita médica crítica en una hora a la que no podía llegar tarde. Sobre todo, Dios sabía muy bien dónde estaban esas llaves. Nada se esconde de su conocimiento. Después de buscar, llamar por teléfono y orar, los empleados del hotel encontraron las llaves. Todo acabó bien.

Este incidente puede parecer insignificante en comparación con los problemas que puedes estar sufriendo. Pero el principio de Romanos 8:28 se aplica a cualquier situación: Dios hace que a los que le aman y los que son llamados conforme a su propósito todas las cosas les ayuden a bien. Él se preocupa igualmente de las llaves perdidas como de los fondos insuficientes, las relaciones difíciles, las enfermedades incurables y cualquier otra dificultad de la vida.

Mantener una mentalidad positiva no solo requiere tener fe, sino también disciplina mental. Aunque creas que Dios tiene el control de tu vida, con frecuencia la realidad de una situación puede sobrecargar tu mente y amenazar con anular tu fe. En momentos así, vale la pena haber desarrollado la costumbre de derribar "argumentos y toda altivez que se levanta contra el conocimiento de Dios, y [llevar] cautivo todo pensamiento a la obediencia a Cristo" (2 Co. 10:5). Al frenar esos pensamientos negativos, piensa en "todo lo que es verdadero, todo lo honesto, todo lo justo, todo lo puro, todo lo amable, todo lo que es de buen nombre; si hay virtud alguna, si algo digno de alabanza, en esto pensad" (Fil. 4:8).

Tu actitud en relación a lo que está sucediendo determina la cantidad de estrés que sufres en una situación dada. Si empiezas a decir que estás abrumado, vivirás lo que expresas, porque la fe viene por el oír. Por otro lado, si insistes que Dios está en control y que recibirás la victoria, eso efectivamente será lo que ocurrirá. Empieza a actuar como tu propio "supervisor de actitudes", fijándote en tu reacción frente a las colas largas, el mal tiempo, los parientes insoportables o cualquier otro factor que podría considerarse negativo. No justifiques tu comportamiento. Estar asociado con Cristo implica ser positivo. Es uno de los resultados de estar lleno del Espíritu de Dios. No deberían haber cosas tales como un "cristiano pesimista" más de lo que hay "salsa caliente fría". Lo que somos define lo que hacemos.

Si detectas que tu actitud tiende a decantar hacia lo negativo, intenta poner en práctica las acciones siguientes para encarrilar tu mentalidad:

- Vigila el tipo de amistades que tienes. Las actitudes son contagiosas.
- Lee con regularidad los milagros de la Biblia y las hazañas de hombres y mujeres de la fe.
- Considera, con mucha oración, un cambio de iglesia si la tuya no enfatiza adecuadamente la vida de fe.

- Reconoce que el pesimismo es un insulto a tu omnipotente Padre. Es un indicio de tu falta de fe en Él para mejorar la situación.
- Considera el impacto de tu actitud sobre tu testimonio cristiano.

Una actitud positiva no solo minimiza los efectos del estrés, sino que también juega un papel directo en cómo el cuerpo hace frente a la enfermedad. Numerosos estudios han demostrado que las personas optimistas diagnosticadas con una enfermedad incurable viven mucho más de lo que los médicos pronostican. "El corazón tranquilo da vida al cuerpo" (Pr. 14:30 NVI).

La oración para hoy

Señor, ayúdame a rechazar toda negatividad y convertirme en un eterno optimista para tu gloria.

Epílogo

El estrés es la plaga de nuestro siglo. Nadie puede huir de su presencia. Es como el clima: cuando el hombre del tiempo pronostica que habrá lluvia, no es solo para algunas personas. Todos tendrán lluvia. No obstante, habrá quienes sabrán prepararse de antemano y traerán consigo paraguas e impermeable. Su experiencia no tendrá nada que ver con la de aquellos que no se prepararon. Esa es la lección que he intentado comunicar en este libro, que entiendas cómo prever y enfrentarte a las situaciones estresantes de la vida para no tener que verte empapado y ahogado bajo su peso. En Mateo 11:28-30 Jesús nos dio esperanza: "Venid a mí todos los que estáis trabajados y cargados, y yo os haré descansar. Llevad mi yugo sobre vosotros, y aprended de mí, que soy manso y humilde de corazón; y hallaréis descanso para vuestras almas; porque mi yugo es fácil, y ligera mi carga". Los factores de estrés hoy en día son demasiado grandes y numerosos para que intentes manejarlos con tus propias fuerzas. La paz todavía es posible si conduces tu vida a la manera de Dios.

No tengas temor de hacer los cambios que Dios te indique para salir de la autopista del estrés. Su manera será mucho más sencilla que la tuya. Examina bajo el microscopio cada área de tu vida. Presta atención a lo que te dice el Espíritu. Recuerda que *tú* controlas tu agenda. Cada cita refleja una decisión que has tomado *tú*.

Hace poco, un programa de mi computadora no me funcionaba bien y el problema afectaba a todos los documentos que escribía. A pesar de mis mejores esfuerzos, no podía lograr que funcionara bien. Cuando llamé al número de soporte técnico, el técnico me dirigió a un archivo de mi computadora llamado "Normal". Debía cambiarle el nombre a "Normal B". Me explicó que el archivo "Normal" estaba corrompido que debía crear un "nuevo normal" estableciendo nuevos procedimientos. Puede que seas totalmente consciente de que tu anterior comportamiento estresante está "corrompido". Es hora de establecer un nuevo "normal".

El estrés pasa factura. Puede que pase algún tiempo antes de que aparezca. No puedes correr a toda velocidad de forma indefinida sin que haya un impacto tarde o temprano. No es el ideal de Dios; no es su voluntad. Sé sincero con respecto a tus factores de estrés y no trates de justificarlos. Aprende a reconocer cuando te estás comportando como tu peor enemigo saboteando tu propia paz.

Desde el día que entregué mi vida por entero al Señor hace ya más de 35 años, he disfrutado de abundante paz en mi vida. En el proceso de escribir este libro, afiné con precisión mis estrategias para controlar el estrés. Desde que dejé mi trabajo estresante, he aprendido a apreciar la vida solitaria. Tengo más trato con mis hermanos, me abro más a sus preguntas y planto una semilla de la Palabra de Dios en cada conversación. Intercedo por los conductores descorteses. Si voy a llegar tarde a una cita, no acelero la velocidad. Hago ejercicios de respiración varias veces al día. No obstante, todavía me acelero más de lo deseado. Soy una persona muy activa que vive intensamente. Quiero hacerlo todo... ahora mismo. Pero he hecho grandes avances en ajustar mi horario para asumir una carga de la que el Señor estaría complacido. Ahora comprendo que el ejercicio regular es un método de relajación que compensa las hormonas del estrés que se liberan al torrente sanguíneo durante el día, incluso si la causa del estrés es un acontecimiento positivo.

Ahora me preocupan los que lucen su calendario ajetreado como si de una medalla de honor se tratara. Sé que son una bomba de tiempo que puede estallar algún día.

Te animo a que leas más materiales relacionados con el estrés y te eduques sobre el impacto del estrés sobre el cuerpo y las estrategias para luchar contra sus estragos. Comparte libremente la información con aquellos que te preocupan dentro de tu círculo.

Si te armas contra el estrés al poner en práctica los principios, las estrategias y las recomendaciones que se detallan en este libro, ¡añadirás años a tu vida y vida a tus años!

Apéndice A
Lista de control diaria para evaluar el estrés

Repasa cada día la siguiente lista de preguntas. Si respondes "no" a alguna pregunta, vuelve a leer el capítulo que corresponda. Medita sobre el versículo de la Biblia relacionado y la oración del día.

1. ¿Me tomé el tiempo necesario para entender la naturaleza y la razón principal de por qué una determinada situación amenazaba con estresarme hoy?
2. ¿Reforcé mi fundamento espiritual a través de la comunión con Dios por medio de la oración, la lectura de la Biblia y la meditación?
3. ¿Dormí anoche al menos siete u ocho horas?
4. ¿Evité ingerir alimentos que no aportan ningún valor nutritivo?

5. ¿Hice al menos 20 o 30 minutos de actividad física?

6. ¿Estuvieron mis acciones en concordancia con mis valores fundamentales relacionados con Dios, mi familia, etc.?

7. ¿Programé relativamente pocas tareas grandes para el día?

8. ¿Gasté mi dinero según mi presupuesto?

9. ¿Resistí la tentación de hacer el mal de cualquier manera?

10. ¿Hice un esfuerzo por disfrutar el día de hoy en vez de centrarme totalmente en el futuro?

11. ¿Supe decir que no a una petición que me hubiese distraído de mi meta o propósito?

12. ¿Demostré flexibilidad a pesar de querer que las cosas se hagan a mi manera?

13. ¿Delegué una tarea en vez de hacerla yo mismo?

14. ¿Evalué mis expectativas cuando alguien me decepcionó?

15. ¿Resolví un conflicto hoy a la manera de Dios, en vez de huir o explotar?

16. ¿Decidí perdonar y dejar atrás el pasado?

17. ¿Tomé hoy los descansos necesarios?

18. ¿Acepté mis errores en vez de justificar mi comportamiento?

19. ¿Pedí lo que deseaba?

20. ¿Evité o limité el contacto con una persona estresante?

21. ¿Creé un ambiente tranquilo en el hogar, el trabajo y el auto?

22. ¿Alivié mi tensión respirando profundamente, cantando alabanzas y con otras técnicas que honran a Dios?

23. ¿Me reí varias veces a lo largo del día?

24. ¿Disminuí conscientemente el ritmo de hablar o caminar?

25. ¿Animé o me interesé por alguien en mi grupo de apoyo?

26. ¿Evité el uso de lenguaje estresante o vocabulario que indican prisa?

27. ¿Me acordé de darle gracias a Dios por una decepción que Él ha permitido?

28. ¿Vigilé contra el comportamiento autodestructivo que sabotea mi tranquilidad?

29. ¿Me desconecté emocionalmente de una situación fuera de mi esfera de influencia?

30. ¿Mantuve una mentalidad positiva frente a una situación negativa?

Apéndice B
Pasajes bíblicos anti-estrés

*Echando toda vuestra ansiedad sobre él,
porque él tiene cuidado de vosotros.*

I Pedro 5:7

*Por nada estéis afanosos, sino sean conocidas
vuestras peticiones delante de Dios en toda oración
y ruego, con acción de gracias. Y la paz de Dios,
que sobrepasa todo entendimiento, guardará
vuestros corazones y vuestros pensamientos en
Cristo Jesús.*

Filipenses 4:6-7

*Jehová dará poder a su pueblo;
Jehová bendecirá a su pueblo con paz.*

Salmos 29:11

Echa sobre Jehová tu carga, y él te sustentará;
no dejará para siempre caído al justo.

SALMOS 55:22

Bendito el varón que confía en Jehová, y cuya
confianza es Jehová. Porque será como el árbol
plantado junto a las aguas, que junto a la
corriente echará sus raíces, y no verá cuando viene
el calor, sino que su hoja estará verde; y en el año
de sequía no se fatigará, ni dejará de dar fruto.

JEREMÍAS 17:7-8

Tú guardarás en completa paz a aquel cuyo
pensamiento en ti persevera; porque en ti ha confiado.

ISAÍAS 26:3

Venid a mí todos los que estáis trabajados y cargados,
y yo os haré descansar. Llevad mi yugo sobre
vosotros, y aprended de mí, que soy manso y humilde
de corazón; y hallaréis descanso para vuestras
almas; porque mi yugo es fácil, y ligera mi carga.

MATEO 11:28-30

*La paz os dejo, mi paz os doy; yo no os la doy
como el mundo la da. No se turbe vuestro
corazón, ni tenga miedo.*

JUAN 14:27

*Cuando te acuestes, no tendrás temor, sino que
te acostarás, y tu sueño será grato.*

PROVERBIOS 3:24

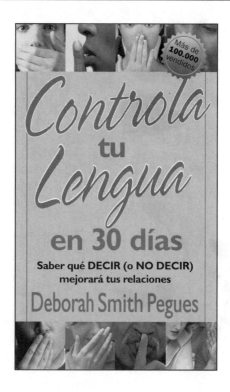

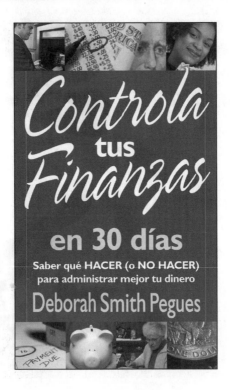

Las mujeres tienen un arma poderosa para vencer las decepciones que Satanás impone en sus vidas: La verdad absoluta de la Palabra de Dios.

Todas las mujeres sufren frustraciones, fracasos, ira, envidia y amargura. Nancy Leigh DeMoss arroja luz en el oscuro tema de la liberación de la mujer de las mentiras de Satanás para que puedan andar en una vida llena de la gracia de Dios.

ISBN: 978-0-8254-1160-1 / Rústica

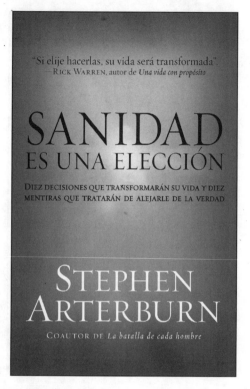

"Si elije hacerlas, su vida será transformada".
— RICK WARREN, autor de *Una vida con propósito*

SANIDAD
ES UNA ELECCIÓN

DIEZ DECISIONES QUE TRANSFORMARÁN SU VIDA Y DIEZ
MENTIRAS QUE TRATARÁN DE ALEJARLE DE LA VERDAD

STEPHEN ARTERBURN

COAUTOR DE *La batalla de cada hombre*

El poder de ser sanado está en las manos de Dios. Pero el poder de escogerlo es nuestro.

El autor considera diez elecciones que podemos tomar y las mentiras correspondientes que tenemos que rechazar para abrir nuestra vida al poder de Dios.

ISBN : 978-0-8254-1192-2 / Rústica